住宅が傾かない
地盤・基礎のつくりかた

設計者なら知っておきたい 診断・補強技術

髙森 洋 著
日本建築協会 企画

学芸出版社

はじめに

　岡山県北の農家に生まれ、農繁期には田んぼを手伝い、農閑期には山や川が遊び場、夏は川で魚とり、秋は柿、いちじく、松茸を採り、山芋を掘り、腹一杯食べた。

　父と川原で集めた砂、砂利と、農協で買ったセメントを鉄板の上で練り混ぜてコンクリートを作り、家の石垣、小規模な小屋などを作った。草木に囲まれ、土を触った経験は、住宅の基礎、地盤の仕事で大いに役立っている。

　1971年、社会人2年目の時、突然、住宅の基礎の直接施工を命じられた。筆者と土工4名。ツルハシとスコップで布掘り ➡ 玉石を小端立て ➡ 転圧 ➡ 配筋（鉄筋現場加工 ➡ 組み立て）➡ 底版コンクリート打設 ➡ 立ち上がりコンクリート打設 ➡ 脱枠 ➡ 埋め戻し ➡ 天端均しで完成。しかし、全員、住宅の基礎工事は未経験であり、日数が倍以上かかりながら図面通りの施工ができず、周りの人々から散々怒られ、怒られることから逃げたい一心で、小型バックホウ（当時は特注）での掘削、溶接鉄筋、発売直前の鋼製型枠を使い、コンクリートポンプ車でのコンクリート1回打設工法を完成できた。

　基礎施工を確立してホッとしていた時、「家が傾いたので直せ」と言われた。傾いた住宅の直しは、低い箇所を持ち揚げて高い箇所と同じ高さにすることである。この持ち揚げ工事をしていくうちに、この住宅が不同沈下した原因が自ずとわかるようになり、新築前の地盤調査が必要、と進言した。

　多くの地盤調査方法の中から「手軽」「素人でも扱える」「狭い場所でも試験できる」「費用が安価」なスウェーデン式サウンディング試験（以下、SWS試験、詳細は後述）を採用した。全棟試験していくうちに問題、疑問点が浮上したが、この試験方法を使いこなすことに注力した。

　それまでの地盤対策（べた基礎、基礎スラブ幅の拡幅及び木杭）だけでは不足と思い、全国の超軟弱地盤で、数種の地盤対策工法を施した実大基

礎による長期載荷試験を実施して、各工法の特徴を把握して日常の業務に反映させた。

　住宅での地盤調査と傾かせない地盤対策は当時先進的であったが、建築主、行政から理解を得るのに苦労した。しかし、1995年の阪神淡路大震災での被災状況から、その効果が明らかになり、以降、多くの会社が地盤調査、対策工法に関心を寄せ、一気に活気づき現在に至っている。

　戸建て住宅の基礎・地盤に関わり50余年。住宅に求められる性能は時代とともに変わり、今は脱炭素や省エネルギーがキーワードとなっている。しかし、根本は"寛ぎ"と思う。その寛ぎ、脱炭素、省エネルギーを支えるのは安全・安心な構造であり、それを支えるのは基礎であり、基礎を支えるのは宅地地盤である。すなわち、地盤が住宅性能の全てと思う。

　50余年この道一筋と言えば恰好良いが、多くの失敗もしてきた。この経験と知りえたことを後輩の方々に伝え「不同沈下事故0」へ役立てていただきたく本書を執筆した。現在でも事故はかなり発生しており、居住者を苦しめている。その原因の多くは次の「2つの無関心」にあり、意識を変えれば容易に事故を防止できる。

　　○ SWS試験の数値に頼りすぎて、盛土、埋め戻し土に無関心
　　○ 自然災害での住宅被災を「自然災害は免責」とする無関心

　住宅関係会社に入社した若い方々に面白く読んでいただけることを願い、筆者の経験に、少しだけ工学を重ね、戸建て住宅の傾きを防止できる地盤の見方、対策の実務書を目指して述べる。

　筆者は社会人1年生の時購入したある本を今でも読み返して大事にしている。そのような役に立つ本になれば嬉しい。

2024年7月

髙森　洋

はじめに *3*

I部 不同沈下の原因を知る *9*

1章 平時の不同沈下 —— 10

- 1.1 住宅の傾きと不同沈下防止 *10*
- 1.2 住宅でも地盤調査が必要になった *12*
- 1.3 不同沈下の原因を知る *19*
  - コラム 聞き慣れない用語の説明 *23*
- 1.4 盛土と空隙（≒空気）への無関心が事故を起こしている *24*
- 1.5 地盤判断ミス・設計ミス・施工ミスによる事故の例 *28*
- 1.6 水分の多い粘土地盤で起こっている圧密沈下 *35*
  - コラム 地盤のことは保証会社に任せておけばいい？ *38*

2章 自然災害による不同沈下 —— 39

- 2.1 大規模自然災害で平時の190余年分の不同沈下が発生している *39*
- 2.2 一瞬にして命を失う斜面崩落 *40*
- 2.3 地盤の液状化による被災 *43*
- 2.4 浸水・洗掘により宅地の土が持ち出されて傾く *51*
- 2.5 「自然災害は仕方がない」では済まされない *53*
- コラム 不同沈下は"現代病"？ *54*

II部　敷地・地盤の調査・評価方法　　55

3章　立地の調査 ── 56

3.1　自然災害の恐れがある場所の見分けかた　56

3.2　地名を知れば減災への備えができる　62

コラム　古地図・地名から敷地を見る　63

4章　造成宅地の調査 ── 65

4.1　盛土（人工地盤）と地山（自然地盤）の違い　65

4.2　盛土の有無を確認する方法　66

5章　地盤調査 ── 72

5.1　安価で普及しているが万能ではない「SWS試験」　72

5.2　地層の判別ができるが高くつく「標準貫入試験」　76

5.3　貫入能力に優れる「ラムサウンディング試験」　78

5.4　地盤支持力度を直接評価する「平板載荷試験」　80

5.5　地盤に穴を開けずに調査できる「表面波探査」　82

5.6　土の力学的性質を調査する「土質試験」　83

5.7　現場の過去と周囲を見る、これで減災を図ろう　88

6章　地盤調査結果の評価 ── 93

6.1　評価は「点」でなく「断面」で行う　93

6.2　「水平、同厚、同質盛土」、これで不同沈下は防げる　94

6.3　厄介な超軟弱地盤　98

6.4　地盤推定断面図を描いてみよう　102

6.5　盛土地盤での地盤の支持力度算定式や沈下量算定式は、
そのまま用いないのが良い　106

6.6　立地・土質・地歴・支持力などを総合評価　109

Ⅲ部 平時・災害時の不同沈下対策 111

7章 平時の不同沈下対策 —— 112

- 7.1 表土を固めて支持する地盤改良・補強 112
- 7.2 深部の硬い地盤で支持する補強工法 131

8章 不同沈下している建物の修復 —— 156

- 8.1 土台下にジャッキを入れて持ち揚げる「土台揚げ工法」 159
- 8.2 基礎下の地盤に耐圧版を設置して持ち揚げる「耐圧版工法」 160
- 8.3 基礎横に打ち込んだ鋼管杭を反力として持ち揚げる 「管内落下工法」 162
- 8.4 建物の重さを反力にして押し込んだ鋼管杭で持ち揚げる 「アンダーピニング工法」 164
- 8.5 耐圧版下の地盤に薬液を注入して持ち揚げる「注入工法」 166
- 8.6 安価な沈下修正の新機軸「モードセルアンカーボルト工法」 167

9章 自然災害時の不同沈下対策 —— 171

- 9.1 「運」を味方に地震・豪雨時の減災対策 171
- 9.2 戸建て住宅での液状化対策 183
- 9.3 豪雨時の浸水・洗掘対策 197
- **コラム** 「宅地の災害耐力カルテ」でチェックしてみよう 208

◈各種調査・工法のコスト・メリット比較表 210

おわりに 212
参考・引用文献 213

I 部

不同沈下の原因を知る

　今も「住宅の重さで傾く（不同沈下）」と思っている人が多いが、重さで傾くのはわずかであり、宅地地盤の沈下による事故が圧倒的に多い。

　そのことを理解していただくため、水、空気、土粒子から宅地地盤が構成されていること、さらに水や空気が多い地盤が平時、自然災害時に沈下や移動し、不同沈下の原因となっていることを解説する。

1章　平時の不同沈下

1.1　住宅の傾きと不同沈下防止

　思いを込めて手に入れた我が家。いつまでも水平、垂直に建っていてこそ安全で住み心地が良いが、稀に傾くことがある。この傾きは次の2つのうちのいずれかである（図1.1.1）。(a)は床は水平だが壁・柱が斜めであり、上部構造の弱さが原因である。これに対して(b)は床、壁・柱が斜めになっており、地盤の弱さ、移動等が原因である。(b)の形態を不同沈下と言う。

(1) 地盤によって生じる不同沈下

　住宅は様々な要因で沈下する。そのパターンを図1.1.2に示す。

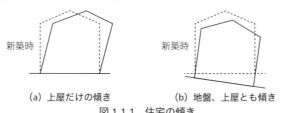

(a) 上屋だけの傾き　　　(b) 地盤、上屋とも傾き
図1.1.1　住宅の傾き

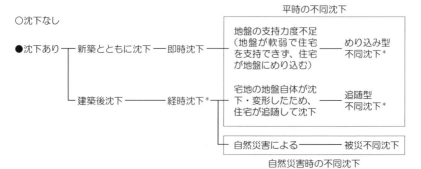

＊　経時沈下、めり込み型不同沈下、追随型不同沈下は筆者による造語である。

図1.1.2　住宅の不同沈下

図 1.1.3　いつも目玉が端にある　　写真 1.1.1　吊っている姿見が垂直

　不同沈下した住宅では次のような支障が生じ、住み心地どころか、常に肩が凝る、目まいがする等の健康被害が生じることがあり、最悪は住めない家になることがある。

・引き戸やドアが開閉できない
・クレセントが掛からない
・基礎に大きなひび割れが発生する
・床が傾斜して滑って歩けない
・風呂の水を抜いたはずなのに、いつも底に残る
・目玉焼きの目玉がフライパンの端に寄る（図 1.1.3）
・壁掛けの物と柱が斜めになる（写真 1.1.1）

　被災建物以外は撮影した写真では傾きがわからず、また個人情報の点から写真掲載は難しい。壁から吊った姿見の写真 1.1.1 を示す。姿見が垂直である。

(2) "不同沈下"が言われ始めたのは 1976 年頃から

　このような住宅の不同沈下は 1976 年頃から言われはじめた。その頃、世間では"不等沈下"と言っていたが、「等＝0であり、築後の住宅ではあり得ない」と筆者が言い続けたところ、いつの間にか不同沈下に変わっていた。また筆者は「生活に支障をきたす傾斜は 5/1000（水平 1m あたり 5mm 傾斜）以上」とも言い続けた。

1章　平時の不同沈下　　11

1.2　住宅でも地盤調査が必要になった

　地盤が原因となって住宅が傾く、いわゆる不同沈下を防ぐことを目的としたのが本書である。この後、詳しく書いていくと地盤調査の SWS 試験（以前はスウェーデン式サウンディング試験、現在はスクリューウエイト貫入試験の略称）の専門用語、数値を書く必要が生じる。その用語、数値の説明をせず本文を書いても、読者の皆さんはチンプンカンプンかと思われるので、SWS 試験の一部を先に説明する。

（1）SWS 試験との出会い

　筆者が社会人になった 1970 年ごろの日本は、高度経済成長期であり、戸建て住宅新築で沸き立ち「住宅ブーム」と言われていた時期であった。住宅建築のためには宅地が必要であり、大規模な宅地造成が全国で行われていた。それと並行して「建てた住宅が傾いた」という苦情が寄せられた。これが今で言う不同沈下である。

　傾いた住宅の修復（水平化）工事とともに、着工前の地盤調査が必要となった。「さて、どの方法がいいのか」いろいろな人に聞いたがピンと来る方法がない。こんな時、たまたま新しい造成のためのボーリングをしていることを聞き、その現場を見に行った。数ヶ所のボーリングのうち残りの 1 ヶ所のボーリングをしていたが、他の 3 人が手動で地盤調査しているのを見かけた。これが SWS 試験との出会いであった。

　各々のボーリング調査箇所が 30 m ぐらい離れていたため、その間の地盤状態を SWS 試験で補完していたのだ。筆者も回転貫入を手伝わせてもらい、翌日も終日作業させてもらった。「これなら我々でも深さ 10 m ぐらいまで調査できるのでは」と思えた。

1）SWS 試験を試用して楽しんだ

　1976 年秋、早速、試験機一式を購入してもらい、仲間と一緒に使ってみた（写真 1.2.1）。当時は筆者を含めて平均年齢 25 歳ぐらいであったので、手回し貫入の重労働も苦にならなかった。それよりも、ロッドに伝わって

 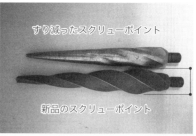

写真 1.2.1　試行時の SWS 試験　右が筆者 (28 歳)。SWS 試験は二人一組で作業　　写真 1.2.2　SWS 試験の命はスクリューポイント（外径φ 33 mm）

くる感触と音で「これは粘性土」「これは砂が混じっている！」「石！」「角ばった石混じり！」「これはコンクリート片!?」「これは倒木？」と、楽しみながら SWS 試験機を試用した。新しい造成地では地表面に目を凝らし、化石探しに熱中し、皆で喜んだ。

2）SWS 試験の手順と把握できること

　当時の SWS 試験は手回しで、深さ、半回転数 Na は手記だった。それを自動回転、自動記録に改造したのが現在の全自動試験機である。よって手回しがわからなければ SWS 試験を理解できない。ロッドに錘（おもり）を少しずつ 1.0 kN まで載せ、錘による沈下を記録、錘を 1.0 kN 載せたらハンドルを回し、貫入させる。この時、0.25 m 貫入させるために回した半回転数 Na を記録する。これが SWS 試験である。先端のスクリューポイントの外径はφ 33 mm（写真 1.2.2）であり、それに回転を伝えるロッドの外径はφ 19 mm である。よってロッドと地盤の摩擦は少ない。しかし、深くなるとロッドのたわみ、曲がりにより摩擦が多くなる。このことから深さ 10 m 程度までが望ましい、と言われている。ある現場を仮定して手回し試験の手順を次に説明する（図 1.2.1）。

　まず錘を載せて、その錘での沈下（自沈）を記録、これを 1.0 kN まで繰り返す。錘での自沈がなくなったら、ハンドルを 180° 回して（半回転）0.25 m 貫入させる。0.25 m 貫入させるための半回転数 Na を記録する。

　図 1.2.1 の①〜⑫の試験結果を柱状図でまとめ、図 1.2.2 で示す。

1 章　平時の不同沈下　13

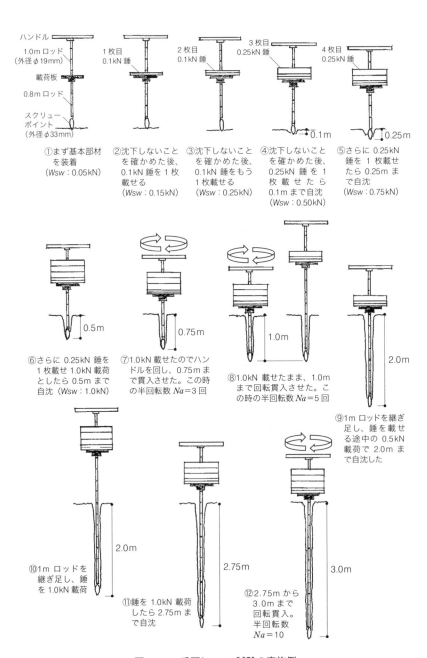

図 1.2.1 手回し SWS 試験の実施例

記号 図1.2.1の図の番号	錘の重さ W_{sw}	半回転数 N_a	貫入深さ*1 D(m)	貫入量*2 L(m)	1m当たりの半回転数 N_{sw}	土質	柱状図
①	0.05	0	0	0	0	音と感触から土質を把握	
②	0.15	0	0	0	0		
③	0.25	0	0	0	0		
④	0.50	0	0.10	0.10	0		
⑤	0.75	0	0.25	0.15	0		
⑥	1.00	0	0.50	0.25	0		
⑦	1.00	3	0.75	0.25	12		
⑧	1.00	5	1.00	0.25	20		
⑨	0.50	0	2.00	1.00	0		
⑪	1.00	0	2.75	0.75	0		
⑫	1.00	10	3.00	0.25	40		

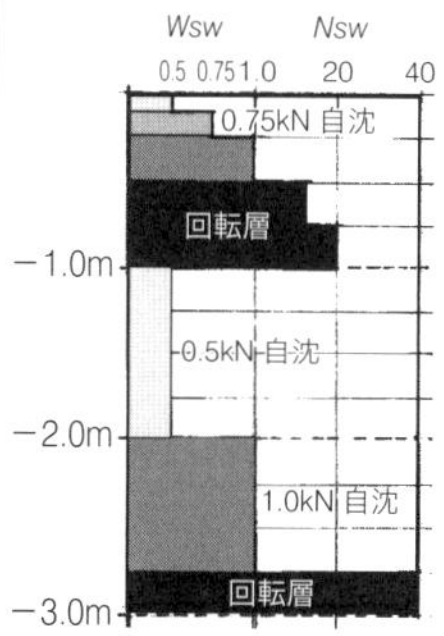

＊1　貫入深さ：地表面からのトータル深さ。
＊2　貫入量　：同じ W_{sw} で貫入した深さ。

図 1.2.2　手回し SWS 試験の柱状図例

　この軟らかい地盤の柱状図は次のように読みとる。

GL 〜 −0.5m	0.5、0.75、1.0kN の自沈層（軟らかい）
GL −0.5 〜 −1.0m	N_{sw} = 12、20 のやや硬い回転層
GL −1.0 〜 −2.0m	0.5kN の自沈層（かなり軟らかい）
GL −2.0 〜 −2.75m	1.0kN 自沈層（少し軟らかい）
GL −2.75 〜 −3.0m	N_{sw} = 40 の硬い回転層。この地盤に頼れば大丈夫

3）怖い自沈層とそうでもない自沈層がある

　SWS 試験の"自沈層"は緩い地盤を表し、告示 1113 号（p.18 参照）で注意喚起されているが、40 数年使用してきて、怖い自沈層と、それほどでもない自沈層があることに気がついた（表 1.2.1）。

表 1.2.1　自沈層の"怖いか？"ランキング

自沈の種類	怖い自沈か？	理由
1.0kN 自沈	あまり怖くない	盛土、住宅の重さで沈下しにくい
0.75kN 自沈	微妙	怖いと思っておいた方が無難
0.50kN 自沈	怖い	1.5m 盛土なら沈下する
0.25kN 自沈	もっと怖い	1.0m 程度の盛土で沈下する
0.15kN 自沈	稀にある大変怖い	人間の足がめり込む

SWS 試験の試用を繰り返し、「我々でも調査できる」「必要な時、いつでも調査できる」「機材一式を乗用車のトランクに積める」「狭い所でも調査できる」「安い費用で調査できる」などが確認でき、社内の試験方法と決まった。

4）地盤の強さの計算に苦しんだ

当時の住宅地盤の強さは地耐力 f_e で表現されており、「地耐力 $f_e = 5\,\mathrm{t/m^2}$」で基礎が設計されていた。しかし SWS 試験で把握できるのは「載せた錘（*Wsw*）による自沈の有無と、自沈なしの場合の１mに換算した半回転数（*Nsw*）と、深さ、おおよその土質」であり、地耐力*1に結びつかない。このため文献を読み漁り、地耐力に辿りつけるようにした。

①大崎の式*2で *N* 値に換算

換算 $N = 0.03 \times Wsw + 0.05 \times Nsw$（粘性土）

⇩

換算 $N = 0.02 \times Wsw + 0.067 \times Nsw$（砂レキ土）

②住宅公団（当時の名称）の式で換算 *N* 値を地耐力 f_e に換算

$f_e = 1 \times$ 換算 N（$5\,\mathrm{t/m^2}$）（粘性土）

$= 0.8 \times$ 換算 N（$5\,\mathrm{t/m^2}$）（砂質土）

$= 3 \times$ 換算 N（$5\,\mathrm{t/m^2}$）（関東ローム）

当時の SWS 試験柱状図を図 1.2.3 に示す。

この算定式で計算すると、ほとんどの宅地が $5\,\mathrm{t/m^2}$ 未満（地耐力不足）

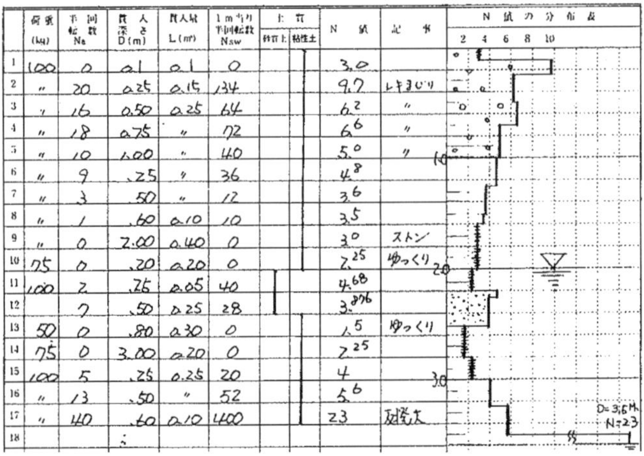

	荷重 (kg)	半回転数 Na	貫入深さ D(m)	貫入量 L(m)	1m当り半回転数 Nsw	土質 砂質土	土質 粘性土	N値	記事
1	100	0	0.1	0.1	0			3.0	
2	〃	20	0.25	0.15	134			9.7	レキまじり
3	〃	16	0.50	0.25	64			6.2	〃
4	〃	18	0.75	〃	72			6.6	〃
5	〃	10	1.00	〃	40			5.0	〃
6	〃	9	.25	〃	36			4.8	
7	〃	3	.50	〃	12			3.6	
8	〃	1	.60	0.10	10			3.5	
9	〃	0	2.00	0.40	0			3.0	ストン
10	75	0	.20	0.20	0			2.25	ゆっくり
11	100	2	.25	0.05	40			4.68	
12		7	.50	0.25	28			3.876	
13	50	0	.80	0.30	0			1.5	ゆっくり
14	75	0	3.00	0.20	0			2.25	
15	100	5	.25	0.25	20			4	
16	〃	13	.50	〃	52			5.6	
17	〃	40	.60	0.10	400			23	貫入不能
18			：						

・現在のように 0.25m に丸めていない
・土質は音、手の感触で判断。かなり正確
・柱状図は換算 *N* 値で表示

図 1.2.3　SWS 試験導入初期の柱状図

となり、何かの補強が必要との結果となった。しかし、今まで引き渡した建物のほとんどが地耐力不足で傾いているかとふり返れば、否である。このことから「住宅の不同沈下防止の地盤調査と地盤設計」は壁に当たった。

5）地盤判断の決め手になった沈下住宅の修復工事

不同沈下した住宅の修復工事と併行して、SWS試験を実施した。

現場ごとの不同沈下による傾斜方向、不同沈下量とSWS試験結果を重ねると、「なぜ、その方向にそれだけ不同沈下したのか」が次第にわかってきた。前述の通り、当時は新しい造成地での建築が圧倒的に多く、それらには必然的に「盛土」があり、盛土の厚さの違い、硬さの違い、土質の違いなどによって不同沈下したものであり、地耐力の大小ではないことに気がついた。これは盛土体自体の収縮による沈下である。このことから「盛土の有無」「盛土厚さの違い」「盛土の土質の違い」「盛土層の分布の違い」等に注目したフローチャートを作成した。

他方、佐賀平野や関東平野、全国に点在する超軟弱地盤地域で、1m程度の盛土をした宅地では、盛土荷重及び建物荷重による不同沈下が発生していた。しかし、この宅地条件での不同沈下をSWS試験で見破るのは手強く、50年経過した今も熟考を要する宅地が多い。このことは後述する。

6）女性一人で調査できる試験機が欲しい

当時のSWS試験は手回しによる回転貫入であったため、頑丈な男性が少なくとも2名必要であり、0.25m回転貫入するための半回転数（Na）が50回を超えると、男性2名でもその深さで終了していた。

この2点を解消したく、機械製造の数社に「女性一人で調査できるSWS試験機」の開発を打診した。その結果、YBM社（写真1.2.3）、日東精工社による自動試験機が出来上がり、今では全自動試験機まで完成度が高められている。

また現在はSWS試験時に深部の土を採取できるサンプラーが数種類開発され使われている（写真1.2.4）。

＊1　地耐力　：設計沈下量以内で建物荷重を支持できる地盤のせん断抵抗力度。

＊2　大崎の式：大崎順彦は元東京大学教授。地盤、土質の研究成果を多く発表、提唱した。

写真 1.2.3　YBM製自動試験機 1 号機
(提供：中村正好氏)

写真 1.2.4　サンプラーで土を採取

(2) 平成 13 年 7 月 2 日国土交通省告示第 1113 号[文1]（以下、告示 1113 号）

　1976 年ごろから SWS 試験を実施したが、施主、役所の理解がなかなか得られず、苦慮しながら続けた。しかし、1995 年の阪神淡路大震災で住宅被害の違いが明らかになり世間からも認知された。

　大震災から 6 年後の 2001 年、国交省から告示 1113 号が発出され、ここで SWS 試験が認められ、かつ次が定められた。

① SWS 試験による地盤の許容応力度 q_a（以下、支持力度 q_a）算定式

$$q_a = 30 + 0.6 \times \overline{Nsw} \quad (\mathrm{kN/m^2})$$

　　　ここで、$\overline{Nsw}$：基礎の底部から下方 2m の深さの平均 Nsw

② 荷重による有害な沈下の有無を確認

　基礎底板から下方 1.0 m までに 1.0 kN 自沈がある場合、あるいは下方 2～5 m の間に 0.5 kN 自沈層がある場合は有害な沈下が生じないことの確認

　①で即時沈下の有無を判断し、②では自沈層を危ない層と考えて、自沈層がある場合は沈下量を確認する、と定めており、地盤の支持力度 q_a と沈下は別物であると明言している。

　何はともあれ、SWS 試験に陽が当たり、地盤の強さは地耐力から支持力度、沈下量で評価する時代となっている。

　なお告示 1113 号の発出後、日本建築学会から小規模建築物基礎設計指針[文2]（以下、指針）が発行され、告示 1113 号の支持力度算定式と別の下記の算定式が示され、「学会式」と呼ばれている。

$$q_a = 30 \times W_{sw} + 0.64 \times \overline{N_{sw}} \quad (\text{kN/m}^2)$$

告示1113号の支持力度算定式では、W_{sw} の大小にかかわらず、自沈（$N_{sw} = 0$）地盤は $q_a = 30\,\text{kN/m}^2$ となる。これに対して学会式では、W_{sw} が小さい自沈の地盤では小さな支持力度となる（例えば $W_{sw} = 0.5\,\text{kN}$ 自沈なら $q_a = 15\,\text{kN/m}^2$）。このことから学会式で判断している会社もある。

1.3 不同沈下の原因を知る

(1) 沈下には同沈下、不同沈下がある

20 mm 程度までの同沈下なら生活に大きな支障は生じない。問題は不同沈下であり、その形態を図 1.3.1 に示す。なお図中のV字型、への字型の名称は指針による。

1) 水平1m当たり6mm傾斜していたら瑕疵の可能性が大きい

床や外壁下端の高さを測った時、高低差0という住宅はない。しかし、欠陥住宅が話題になった時期には高低差が3 mm、5 mm でも不同沈下と指摘され住宅会社は苦慮した。そのため品確法[※3]（平成12年建設省告示第1653号）が施行され、不同沈下の程度は傾斜角で判断するとされ、参考値が示された（表 1.3.1）。これによれば 6/1000 以上の傾斜角であれば「瑕疵[*]の可能性が大きい不同沈下」となり、居住性や耐久性が劣っている場合が多い。

表 1.3.1 のランク、傾斜は不同沈下の争いにおいて必ず主張されるため、関係者は知っておこう。

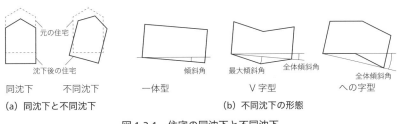

(a) 同沈下と不同沈下　　(b) 不同沈下の形態

図 1.3.1　住宅の同沈下と不同沈下

[*]瑕疵：法律上の傷、欠陥。

1章　平時の不同沈下

表 1.3.1　告示 1653 号による瑕疵判定の目安

レベル	床傾斜の度合*	基礎ひび割れの程度	瑕疵の可能性の存する可能性
1	3/1,000 ＞傾斜	レベル 2、3 に該当せず	低い
2	3/1,000 ≦傾斜＜ 6/1,000	幅 0.3mm ≦幅＜ 0.5mm	一定程度存する
3	6/1,000 ≦傾斜	0.5mm ≧幅　さび汁を伴う	高い

＊床の傾斜における測点間距離は 3.0m 以上。

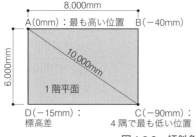

図 1.3.2　傾斜角による瑕疵判断例

　参考までに模式図によって傾斜角と瑕疵の可能性ランク判断を説明する（図 1.3.2）。この結果、この例の場合はレベル 2 と 3 が大半を占めるため、瑕疵による不同沈下の可能性が高いと判断する。

（2）40 年以上経っても平時の不同沈下防止はまだ完璧ではない

　不同沈下には平時の不同沈下と自然災害による不同沈下の 2 つがある。音もなく静かに沈下し、ある程度までは気がつかない平時の不同沈下についてまず述べる。

1）不同沈下原因

　不同沈下を防止するために大事なことは、その原因を正しく理解することである。いろいろな文献に不同沈下の原因を記述しているが、筆者は住宅を修復していく中で、30 年ぐらい前から、原因を次の 5 つに大別してきた。

　　○めり込み型不同沈下　　　｝地盤の見誤り。支持力度＞接地圧でも不同沈下する
　　○追随型不同沈下
　　○設計、施工ミスによる不同沈下　　工法選択誤り、手抜き施工他
　　○近隣工事による不同沈下
　　○自然災害による不同沈下

それらの概要を次に述べる。

2) めり込み型不同沈下は少ない

住宅の重さを支えきれない地盤に建築した場合、住宅が地盤の中にめり込み、結果として傾く形態である（図1.3.3）。

地盤にはある限度までは物体を支持できる力（極限支持力度）があり、極限支持力度の1/3が許容支持力度（q_a、楽々支持できる）である。

住宅の総重量（ΣW）を基礎の接地面積（A）で徐した荷重を接地圧 w という。木造2階建て住宅べた基礎の実際の接地圧 w はおおよそ 11～13 kN/m^2 であるが、余裕を見込み 20 kN/m^2 で設計することが多い。筆者の体重は 66 kg、両足裏面積は約 0.038 m^2 なので、足裏からの接地圧は 17 kN/m^2 となる。すなわち、住宅の接地圧より人の接地圧の方が大きい。なおかつバックホウ（油圧ショベル、接地圧 48 kN/m^2）が宅地内で基礎工事をしている。これらの接地圧はいずれも住宅より大きい。このことから地盤の支持力度不足による沈下（めり込み）は極めて少ない（図1.3.4）。

3) 相変わらず多い追随型不同沈下

これは宅地地盤自体が沈下することによって住宅が追随して沈下し、結果として傾く形態である。

宅地地盤自体の沈下は、次に示す形態（図1.3.5）の何れかである。硬い自然地盤に盛土した宅地が（a）、元が平坦地の水田等軟らかい自然地盤で、そこに盛土した宅地が（b）である。住宅の不同沈下事故は追随型（宅地地盤自体が沈下）によるものが圧倒的に多い。

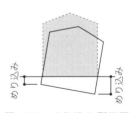

図1.3.3 めり込み型不同沈下

接地圧 $W_{01} ≒ 11～13 kN/m^2$

接地圧 $W_{02} = 17 kN/m^2$

接地圧 $W_{03} ≒ 48 N/m^2$

図1.3.4 住宅からの接地圧は人より軽い　住宅がめり込むのは稀

図 1.3.5　宅地が沈下し、住宅が傾く追随型不同沈下

4) 設計ミス、施工ミスによる不同沈下が増えてきた

数えきれない多くのミスがあるが、中でも多いミスの一部を列記する。

イ）調査・設計ミス
- 全自動 SWS 試験結果の地盤の支持力度を疑うことなく信用したこと
- セメント系固化材による地盤補強を設計したが、固化強度が不足
- 図 1.3.5 の（b）形態の沈下があることを見抜けず、直接基礎、あるいは表層改良、パイルド・ラフトを実施していた等

ロ）施工ミス
- セメント系固化材による地盤補強を設計したが、固化しなかった
- 鋼管杭打設中の高止まりに疑問を持たなかった
- 保証制度に頼りすぎ

5) 近隣工事による不同沈下も増えてきた

隣地が掘削された、あるいは隣地に盛土された場合等に多く、近接する住宅を軽んじて、対策費用を惜しんだ結果の事故が目立つ。

6) 自然災害による不同沈下

国内で発生している事故数は多いが、私が関与した不同沈下は少ない。

この場合は石垣、擁壁の移動、倒壊に伴う不同沈下が多い。

既存不適格擁壁に近接する場合は杭状地盤補強を実施することを勧める。

(3) 圧倒的に多いのは「追随型不同沈下」、近年は設計ミス、近隣工事が増加

筆者は 30 数年前から前述の 5 原因で把握を続けており、筆者が WASC 基礎地盤研究所（以下、WASC）を創立以来 18 年間に扱った不同沈下事故

196件の結果を図1.3.6に示す。これによると圧倒的に追随型不同沈下が多いが、近年は減少気味で、設計・施工ミス、近隣工事による不同沈下事故が増えている。これは近年開発された地盤補強新工法の適用地盤の判断の誤りと、建替えが多くなったことが一因と考えている。

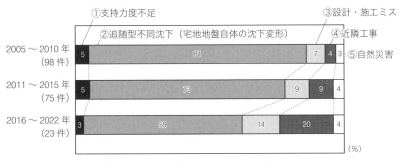

図1.3.6 住宅の不同沈下原因とその推移

コラム　聞き慣れない用語の説明

本書でたびたび出てくる宅地の地盤の種類を説明しておく。
- 自然地盤：昔からのままか、人が手を加えてから年月を経ている地盤（図イ）
- 盛土宅地：元からあった地盤の上に新たな土を載せて作った宅地（図ロ）
- 切土宅地：元からあった地盤が削られ、深部が地表に出た宅地（図ハ）
- 埋土宅地：窪地に他からの土が搬入され平らに整形された宅地（図ニ）
- 埋め戻し：地盤を掘削して排土し、その後、同じ場所に土を入れる。L型擁壁の背面はほとんど埋め戻し土（図ホ）

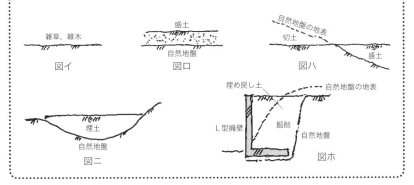

1章　平時の不同沈下　23

1.4 盛土と空隙(≒空気)への無関心が事故を起こしている

不同沈下事故の大半を占める追随型不同沈下(図1.3.6)の原因は造成盛土にあり、「造成盛土の中の空気」と「盛土下の自然地盤の軟らかさ(水の多さ)」が素因である。なお本書では一握り程度を「土」、土が多く集まった状態を「地盤」、住宅が建つ地盤を「宅地」と言う。

1) 土が何からできているか、これがわかれば不同沈下事故を防げる

WASCが主催する「基礎塾」では必ず「土は何からできている?」と問い、「これが理解できたら不同沈下の半分は防げる」と話している。

土は土粒子、水、空気で構成されており(図1.4.1)、土粒子は硬く、水、空気は非常に軟らかい。各々の比重は土粒子≒2.5〜2.7、水1.0、空気0。

これらが集まった土の重さは13〜20 kN/m³。17 kN/m³は普通の土、20 kN/m³は硬い土である。比重2.5〜2.7の土粒子が混ざりながら土1m³の重さは17〜20 kN/m³であり、土に水、空気が多く混在している証である。

水や空気が多い土は軟らかく、少ない土は硬い。水や空気の多少を身近

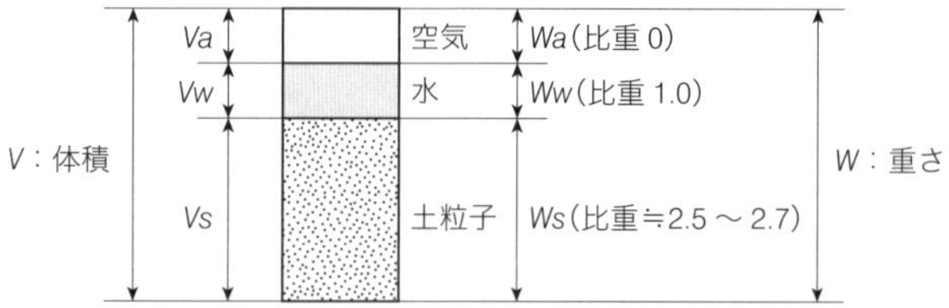

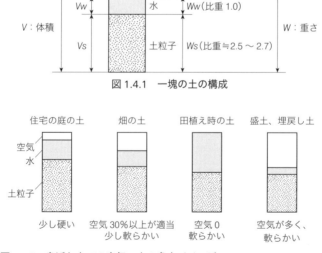

図1.4.1　一塊の土の構成

図1.4.2　身近な土での空気、水の多少イメージ (出典:文献4,5をもとに筆者作成)

な土で考えると土の特徴がわかりやすい。例を図1.4.2 に示す。

2) 土の名前は土粒子の大きさでつけられている

土粒子の元は岩であり、長い年月の間に風雨、地震、寒暖差等によって砕かれて細分化し、その粒径によって土に名前がついている（図1.4.3）。

宅地の土は純粋な粘土、シルト、砂等でなく、それらが混ざっているため、その中で多い土を指して「粘性土」とか「砂質土」と呼んでいる。

3) 地盤には自然地盤と人工(改変)地盤があり、後者で不同沈下事故が多い

イ) 自然地盤

長い年月の間に何回も自然の試練（重さ、風雨、地震等）を経ており、過去に経験した試練を超えないうちは変形しにくい。

ロ) 人工地盤

ある目的のために人間が掘削や埋め立て、盛土した地盤。地形、密度、含水等は人間が定めたものであるため、未経験の加重、風雨、地震等に遭遇した場合、変形しやすい。この人工改変地盤が「盛土宅地、埋戻し宅地」である。

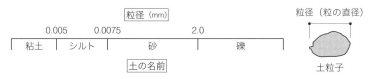

図1.4.3　粒径による土の名前　(出典：文献4,5をもとに筆者作成)

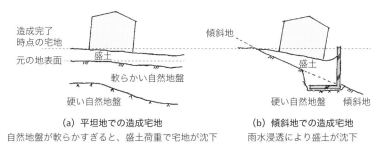

(a) 平坦地での造成宅地　　　　(b) 傾斜地での造成宅地
自然地盤が軟らかすぎると、盛土荷重で宅地が沈下　　雨水浸透により盛土が沈下

図1.4.4　人工改変宅地での沈下と変形

○盛土宅地………盛土下の自然地盤が硬ければ、盛土体だけ収縮し、盛土下の自然地盤が軟らかければ、盛土を支持できず、宅地自体が沈下する（図1.4.4(a)）

○埋戻し宅地……自然地盤を掘削した後、もう一度埋め戻しされた地。空気を多く含んでおり、その後の試練（重さ、雨水、地震等）により沈下・変形する（図1.4.4(b)）。

4）SWS試験では、貫入層が盛土層か、自然地盤層かを把握することが大事

SWS試験は「試験機のロッドを深さ25cm貫入させるための半回転数 Na」を調べる。硬い層であれば半回転数 Na が多く、軟らかければ Na が少なく、さらに軟らかければ回転させるまでもなく沈む（$Na = 0$）。回転しなくても沈むのは、図1.4.1で示した通り、土粒子が少なく、水か空気が多いからあり、自沈と呼び、その厚さを自沈層と呼んでいる。

SWS試験をする人は自沈層があった場合、"水が多いための自沈層"なのか"空気が多いための自沈層"なのか"空洞があるための自沈層"なのかを見抜かなければならず、単なる試験機の運転手（その場所に試験機を設置してスタートボタンを押すだけの人）では役に立たない。そのための注意点は次である。

・盛土層では"空気が多い"ために自沈している
・自然地盤では"水が多い"ために自沈している
・自然地盤でWsw（錘）がなくても自沈するのは"その深さに空洞（芋穴、防空壕等）がある"ことが多い

これを正確に把握することが、的外れな地盤補強の防止に役立つ。

5）水が多い地盤は重さ（荷重）によって嵩が減る

水が多い身近な物は豆腐、こんにゃく等であり、それらに水をかけても嵩は変化しないが、重しを載せると水が押し出されて嵩が減る。それを布基礎、べた基礎の模型で実験した（写真1.4.1）。

水が多い地盤には水田が多いが、レンコン田、イグサ田はさらに水が多い。

このような場所で盛土造成した場合、まず盛土荷重（約17 kN/m³ 厚さ）で沈下し、次の住宅荷重（約11〜13 kN/m²）でさらに沈下する。

　超軟弱地盤に0.7 m盛土した後の沈下観測結果を図1.4.5に示す。

6）空気が多い地盤は荷重と雨水が浸透して嵩が減る

　盛土や埋め戻し土は嵩の中に空気（空隙）が多く、雨水浸透により、空隙部分が土粒子で埋まり嵩が減る。ティッシュペーパーに物を載せ、次に上から水を注ぐことを連想すれば理解しやすい（図1.4.6）。この時、$S_1 < S_2$である。

写真1.4.1　豆腐、コンニャクに載荷

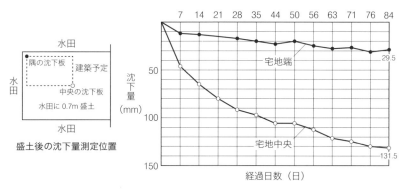

図1.4.5　水が非常に多い地盤に盛土した宅地の沈下　(提供：緒方克英氏)

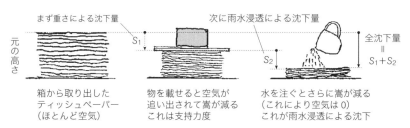

図1.4.6　空気を多く含む地盤の沈下をティッシュペーパーで見る

1章　平時の不同沈下　　27

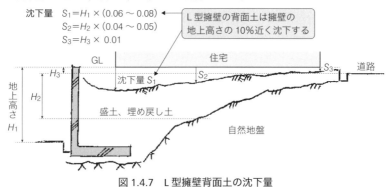

図 1.4.7　L 型擁壁背面土の沈下量

　自然地盤から掘り出した土は砂質土で 1.1 〜 1.2 倍、粘性土なら 1.5 倍程度に嵩が増え、運搬中にさらに嵩が増える。嵩が増すのは空気（空隙）が含まれたからである。その土を敷き均したのが盛土造成である。さらに荷重と雨水浸透により、特に雨水浸透により更地の状態でも宅地は沈下している。これが住宅の不同沈下事故の最多パターンである。

　水が多い地盤での荷重による沈下量（圧密沈下量）は算定できるが、盛土地盤への荷重、雨水浸透による沈下量は算定式がない。このため筆者は 20 数年前から「RC 造 L 型擁壁を新設した宅地」での地盤の沈下量を測定してきた。その結果を図 1.4.7 に示す。

1.5　地盤判断ミス・設計ミス・施工ミスによる事故の例

（1）地盤判断ミスの中には"敷地の前歴"への無関心が多い

1）解体跡地には以前の物が地中に残っている

　イ）事故概要

　SWS 試験の結果、GL − 1 m までが非常に硬かったため、直接基礎で設計、施工した住宅が不同沈下した。

　ロ）宅地の前歴

　この場所には以前工場があったが、施設を解体して住宅団地に造成して

いる。施設解体において深さ2mまで掘削して地中埋設物を撤去した後、埋戻し、表層をセメント系固化材で地盤改良をしていた。

　ハ）不同沈下原因

　SWS試験で「硬い地盤」と判断していたのは表土厚さ0.4〜0mを改良したものであった。その下は埋め戻された緩い地盤（空気が多い）、その下の自然地盤は0.5kN自沈の緩い地盤（水が多い）であった（図1.5.1）。埋戻された地盤の体積減少（空気、空隙の体積減少）が原因であった。

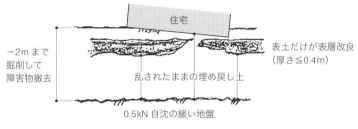

図1.5.1　解体跡地の表層改良

　ニ）教訓

・工場跡地であれば地中に何かが埋まっている。
・地中障害物は−2mまで撤去され以深は残置が多く、−2mまでは埋め戻し土である。−2mまで確認しなければ信用してはならない。

2）池を埋めた宅地で柱状改良は避けた方が良い

　イ）事故概要

　新築に際して柱状改良していた10数棟の住宅が不同沈下した。

　ロ）宅地の前歴

　農業用の池に約2.0m埋土され50区画程度の住宅地に造成された。

　ハ）不同沈下原因

　SWS試験の結果、GL−1.5〜−3.0mに0.25、0.5kN自沈層があり、スクリューポイントに付着した土が臭かった。このため、ハンドオーガーで臭う土を採取し、セメント系固化材を添加して一晩経過したが全く固化しなかった。

　臭った土は「腐植土」であり、古くからの池の底にたっぷり溜まってい

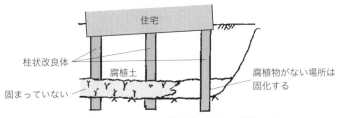

図 1.5.2　池の底に溜まっている腐植土で固まらなかった

ることを知らず、「単に軟らかい土」と評価し、改良体を施工したことが間違い。腐植土層の改良体は全く固化せず、埋め土の沈下とともに改良体も沈下して住宅が沈下した（図 1.5.2）。

　二）教訓

　池の底には不法廃棄された生活用品とともに腐植物が溜まっている。

(2) 設計ミスの多くは SWS 試験結果の数値に頼りすぎることにある
1) 支持力度が接地圧を超えていても傾いた

　イ）事故概要

　SWS 試験で $q_a = 30\,\text{kN/m}^2$ なので直接基礎で施工した住宅が不同沈下した。

　ロ）経緯

　昔は多かった事故だが、今もこのタイプの沈下事故があることに絶句。

それを示す SWS 試験からの地盤断面図（図 1.5.3）を示す。

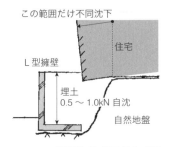

図 1.5.3　新設擁壁背面は必ず沈下する

GL − 0.5 〜 − 2.0 m は 0.5 〜 1 kN 自沈であり、地盤の支持力度 q_a は告示 1113 号で定められた算定式から次の通りとなる。

　1 kN 自沈層　$q_a = 30 + 0.6 \times \overline{Nsw}$

　　　　　　　$= 30 + 0.6 \times 0$ （←自沈層は $Nsw = 0$）

　　　　　　　$= 30\,\text{kN/m}^2 > 11 \sim 13\,\text{kN/m}^2$（接地圧）

このことから直接基礎を採用した、と説明を受けた。

ハ）不同沈下原因

1 kN 自沈を $q_a = 30\,\mathrm{kN/m^2}$ とするのは構わない。しかし、告示 1113 号では「基礎底版底から下方 2 m 以内に $1\,\mathrm{kN/m^2}$ の自沈層がある場合には、建物自重による沈下その他地盤の変形等を考慮して建築物に有害な損傷、変形及び沈下が生じないことを確かめなければならない」と定めており、支持力度 $q_a = 30\,\mathrm{kN/m^2}$ だけでは沈下・変形の有無を確認できたことにならない。

図 1.5.3 によれば新設擁壁の背面に近く、「埋め戻し土・空気が多い、緩い、自沈」であり、雨水浸透により地盤が沈下する（p.25 図 1.4.4（b）、p.27 図 1.4.6 参照）。このことから「支持力度は OK であるが、沈下量が大きい地盤」と考え、沈下防止の地盤補強が必要であった。

ニ）教訓
・SWS 試験の支持力度と沈下量は別物
・擁壁背面土は雨水が浸透して沈下する

この 2 つを肝に命じておく。

2）柱状改良の先端地盤の見誤りで傾いた

イ）事故概要

SWS 試験結果から緩い地盤と判断し、少し硬い層へ貫入させる柱状改良（長さ 3.5 m）を施工したが不同沈下した。

ロ）不同沈下原因

地盤調査の後、敷地に 0.7 m 盛土して GL とし、ここから下方 3.5 m まで施工した。これにより、改良体が軟らかい層だけで支持されることになり、

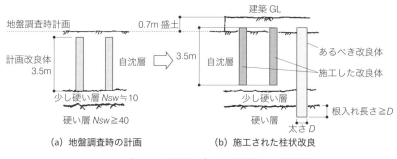

図 1.5.4　盛土厚さを考えず、長さを惜しんだ改良体

先端支持力が大きく低下したため不同沈下した(図1.5.4)。

　ハ) 教訓
・SWS試験は宅地内の4〜5ヶ所程度把握しているだけであり、かつ深部地盤は水平ではない。このことから余裕を持った長さとすべきであった。
・改良体先端は深部の硬い層へ「改良体の太さ以上根入れする」と指針[※2]でも勧めている。
・「盛土したことを忘れていた」ことは論外であり、情けない。

(3) 施工ミスは施工者の怠慢と無知によるものが多い
1) 表層改良の品質はピンキリなので事故が多い
　イ) 事故概要

　緩く傾斜している自然地盤に盛土した宅地であったため、自然地盤まで届く表層改良(設計改良厚さ1.0m)で設計していたが不同沈下した。

　ロ) 不同沈下原因

　数箇所掘削し、フェノールフタレン溶液(アルカリ性物質に噴霧すると赤紫に発色する薬剤。固化材の混入状態確認に便利)を噴霧した。

　その結果、実際の改良厚さは0.1〜0.6mであり、なおかつ固化材だけが薄く固化した煎餅状の箇所もあった(図1.5.5)。

　設計通りに改良されておらず、改良層の下に残っていた盛土が雨水の浸透により体積減少したことが原因であった。

　ハ) 教訓
・住宅規模の表層改良は"掘削 ➡ 固化材と混合、攪拌 ➡ 撒き出し"をバックホウだけで行うため、オペレーターの気持ち次第で改良土の品質に大きなばらつきが生じる。
・表層改良の場合、設計者、監督は常駐して施工内容を確認すべき。

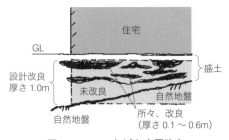

図1.5.5　いい加減な表層改良

2）打ち止め管理を怠った鋼管杭は住宅を支持できない

イ）事故概要

沖積平野の川の近くの宅地。新築にあたりSWS試験を実施したところ軟弱であったため、小口径鋼管杭（長さ5m）を38本打設した。

しかし、築後2年で不同沈下が判明した。

ロ）不同沈下原因

施工記録から次の不審な点を見つけた。

○ 施工が早すぎる

9時打設開始～16時、道路清掃。このことから鋼管杭1本の平均打設時間が約8分/本

○ 打設後の杭長が全て同じ

38本全て5.0mであり、切断も継ぎ足しもない。

沖積平野であっても、支持層の深さが全て同じであるはずがない。杭1本ごとに打ち止め管理（杭長さと地盤深度、回転トルク値を確認）を行わず、5m打設だけを考えて、豆腐に爪楊枝を挿すような施工であったため、杭の支持力不足が原因であった（図1.5.6）。

ハ）教訓

沖積平野であっても深部の硬質層は水平でなく、設計長さより長い杭、若干短い杭が施工後に混在するのが普通。このことから鋼管杭の施工長さが全て同じはあり得ない。

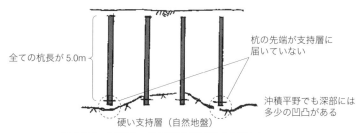

図1.5.6　打設後、全て同じ杭長はあり得ない

(4) 周辺工事やインフラ劣化による不同沈下事故例
1) 掘削により隣家が傾く事故が多い

　多いのは隣の地盤が掘削されたことによる不同沈下である。隣が公道であれば工事発注者により着工前、工事完了後に家屋調査がなされ、工事による変状発生を確認しやすい。しかし、隣が民地の場合、事前説明、家屋調査等が行われることは少なく、次の流れで争いになっていることが多い。

>　ある日、工事が始まり、境界近くを深く掘削
>　数日後、庭のコンクリートや外壁にひび割れ目撃（図 1.5.7(a)）
>　　→工事会社に連絡
>　　→工事会社確認　「後で修復します」
>　　→工事完了後　　「工事が原因ではないから修復しません」

　工事会社が責任を認めない場合、被害を主張している側が「工事が原因である」と立証しなければならない。しかし、工事完了とともに掘削時の土留め材は埋設または撤去されており、一住民にとって立証は非常に困難となっている。

　地盤の掘削による隣地への影響については建築学会の山留め設計指針[文6]で述べられており（図 1.5.7(b)）、工事会社の義務と責任は大きい。このた

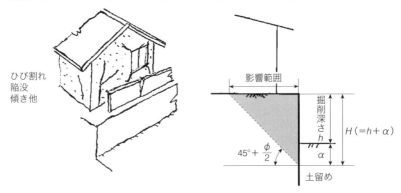

(a) 掘削による被害のイメージ　　(b) 掘削によるおよその影響範囲

図 1.5.7　隣地掘削による影響とその範囲

I 部　不同沈下の原因を知る

め、境界線近くを掘削する場合、工事会社は隣家への説明と家屋調査及び変状を抑える根拠ある土留め、工事中の動態観測を実施すべきである。

2）給排水管からの漏水で不同沈下していることがある

　不同沈下現場の調査の時、必ず会所マスを開けて確認する。それは排水管が外れていれば、その箇所から生活水が長年地中に垂れ流されて空洞ができ、それが原因となっているからである。擁壁背面にある排水管、会所マスは、沈下あるいは外れていることが多い。

1.6　水分の多い粘土地盤で起こっている圧密沈下

(1) 粘土はどんな土？

　粘土と聞くと、陶工がこねている土の塊を思い浮かべるかもしれないが、専門書[文5, 6]では"0.005 mm 以下のごく小さな土粒子（小麦粉を連想、p.25 図 1.4.3 参照）が繋がった物"である。

　小さな土粒子が水で繋がり、輪を作り、その輪がさらに繋がって塊となっているのが目にする粘土である。輪の中にいくらかの水が溜まっており、この様子を図 1.6.1 に模式的に示す。

　　参考：
　　・全国有数の軟弱地盤地帯の有明粘性土（佐賀県）は含水比 100% 超であり、土粒子より水の方が圧倒的に多く、非常に軟らかい。
　　・小麦粉の粒径（〜 0.04 mm）の 1/10 未満が粘土の粒径。

(2) 粘土に重さをかけたら、水が押し出されて嵩が減る

　豆腐の上に蒲鉾板を敷き、大根でも載せておくと水が抜けて嵩が減る。豆腐の代わりに、粘土の塊の上に荷重をかけた場合、輪の抵抗、輪の中の水の抵抗により即座には変形せず、時間をかけて排水しながら変形して嵩（体積）が減る（図 1.6.2）。これ

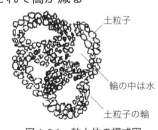

図 1.6.1　粘土体の模式図

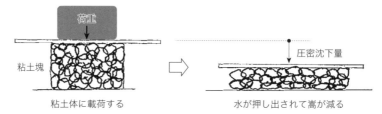

図 1.6.2　粘土の圧密沈下

を粘土の圧密沈下、その量を圧密沈下量と言う。

(3) 粘土地盤に重さがかかったら、地盤自体が沈下する

　沖積平野の水田は相対的に軟らかく、かつ粘土層が厚い。ここに盛土した宅地では、まず盛土の重さ（≒ 17 kN/m³ ×盛土厚さ＝ 1 m² 当たりの盛土荷重）が軟らかい粘性土層を、次に建物の重さ（≒ 11 〜 13 kN/m²）で圧密し、宅地全体が沈下する。これを圧密沈下と言い、おおよその圧密沈下量（図 1.6.2）は、そのための地盤調査と土質試験結果から算定できる。

　しかし、圧密沈下に気がつかない人が多いことと、費用を避けているため、一宅地のために土質試験することはほとんどない。

　筆者が経験し今も常用している、簡便な圧密沈下の可能性判断方法を次に列記する。沖積平野での不同沈下 KY（危険予知）に役立ててほしい。

・0.7 m 以上盛土した宅地では、建物荷重より盛土荷重の方が大きい。
・SWS 試験で 0.5 kN 自沈層がある自然地盤に、1.5 m 以上盛土した地盤はことごとく沈下し、住宅が傾いていた。
・沈下量は「荷重、軟弱な地盤の厚さ及び軟らかさの程度」で増減する。
　その他、盛土による圧密沈下のパターンを図 1.6.3 に示す。

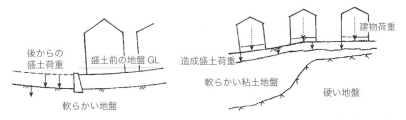

(a) 隣地の盛土による不同沈下　　(b) 軟らかい地盤の厚さが異なる場合の不同沈下

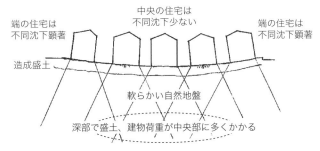

(c) 一様に軟らかい地盤の場合、両端は不同沈下大、中央は小

図 1.6.3　盛土による圧密沈下のパターン

コラム　地盤のことは保証会社に任せておけばいい？

　新築した住宅が不同沈下した場合、「保証契約」されている住宅は修復工事がなされている。これは 2000 年に施行された住宅の品質確保の促進等に関する法律、2009 年に施行された住宅の瑕疵担保履行法によるものであり、これにより以前のような住宅オーナーと住宅会社の間での争いの多くは解消されている。しかし、実態は万全でない。このことから「保証会社に任せておけば大丈夫」とは言えない。その理由を述べる。

　保証制度は建築主、住宅会社（後ろに地盤補強会社）、保証会社（後ろに保険会社）で成り立っており、その関係と流れは下図のようである。

建築主 ── 住宅会社 ── 地盤補強会社 ┬─ A 保証会社 ───────── 保険会社 X
　　　　　　　　　　　　　　　　　　　│　・柱状改良を施工：施工費用 150 万円
　　　　　　　　　　　　　　　　　　　└─ B 保証会社 ───────── 保険会社 Y
　　　　　　　　　　　　　　　　　　　　　・表層改良を施工：施工費用 80 万円
　　　　　　この場合、B 保証会社提案の表層改良で施工されることが多い

問題点 1　費用を優先して地盤対策工法を決めていることがある

　住宅会社から注文を受けた地盤補強会社が地盤調査を行い、その結果から保証会社が対策工法を決め、その工法で施工した住宅が不同沈下した場合、修復工事を行っている。しかし、保証会社 A が決めた工法が高額であった場合、保証会社 B に打診し、違う工法で低額であれば、その工法で施工している。安全を重視する保証会社は高額となり、嫌われやすい。

問題点 2　傾いてもすぐ直して貰えないことがある

　不同沈下した場合、水平 1 m 当たり何 mm かの傾斜を超えた場合のみ修復される。不便であってもすぐ直してもらえるわけではない。

問題点 3　修復後に再沈下していることがある

　不同沈下原因を特定せず、「とりあえず水平」だけを目的とした修復工事が行われていることがあり、このような場合は再び沈下している。

2章 自然災害による不同沈下

2.1 大規模自然災害で平時の190余年分の不同沈下が発生している

　大規模災害の場合、盛土地盤の沈下、擁壁の傾き、地盤の液状化等で住宅が不同沈下しているが、住宅の不同沈下棟数は正確には把握されていない。しかし、液状化による被害戸数だけは把握されている。

　そこで、「液状化が発生した地域では、平時の何倍ぐらいの不同沈下棟数が発生していたか」を考えてみる。

（1）液状化被災地での不同沈下棟数は公表されている

　東日本大震災による液状化被害の特徴[X7]によれば9都県[*1]で2万6914棟、熊本地震では熊本市だけで約2900棟[X8]である。

（2）平時の不同沈下棟数の実数は把握しづらい

　p.23図1.3.6で示したのは筆者が担当した裁判に至った棟数であり、全体数のごく一部である。不同沈下事故は当事者が隠すため、実数は非常に把握しづらいが、保証会社の人々から「新設着工棟数の1/1000〜1/2000が不同沈下している」と聞いてきた。

　これを頼りに平時の不同沈下棟数を前記の液状化被災地で考えてみる。

（3）一瞬の液状化で、その地域の190年分以上の不同沈下が発生している

　総務省 Source[*2] から近年の新設住宅着工戸数は9都県で約24万戸/年、

[*1]　東京都、千葉、茨城、福島、埼玉、宮城、神奈川、岩手、群馬県。
[*2]　Source：総務省による統計ダッシュボード（https://dashboard.e-stat.go.jp/）。

表 2.1.1　大規模液状化により 190 年分以上の不同沈下が発生

	東日本、熊本地震時における液状化棟数 A	東日本、熊本地震時における被災地の新築着工戸数 B		東日本、熊本地震時における被災地の新築着工棟数 C = 0.58 × B	不同沈下発生率 （%） D	平時の不同沈下推定棟数 E = B × D	一度の液状化で何年分の不同沈下が発生するか？ 液状化不同沈下 平時不同沈下 $F = \dfrac{A}{E}$
9 都県	26,914	240,000	0.58	139,200	0.1 ～ 0.05	≒ 140 ～ 70	≒ 190 ～ 380 年
熊本市	2,900	3,000		1,740		～ 1.7	≒ 1,700 年

（出典：参考文献 7、8、Source をもとに著者作成）

熊本市で約 3000 戸／年である。

　戸数から棟数へは国土交通省発表の建築物着工統計[※9]及び住宅着工統計 2021 年から試算し「棟数 ≒ 0.58 ×戸数」と推測した。

　この結果を表 2.1.1 で示す。一度の大規模液状化により、その地域の 190 年分以上の不同沈下が発生していることになる。

2.2　一瞬にして命を失う斜面崩落

（1）今の地形は自然が造形したもの

　地球の歴史は 40 数億年と言われており、その長い時間の中で隆起、沈降を繰り返し、地震、雨、雪、風等の自然の営力によって、その都度不安定な箇所が整形され残ったのが今の地形である。低い所には水が溜まり、海や川・池になっており、高い所は山となっている。これら地形はそれまでの自然の営力に対して安定している。

（2）人間が造成した地形は自然災害に弱い

　自然の営力によって造られた地形の中には、人間が生き、仕事をするにあたって邪魔な箇所があり、これを我々が整形して、住みやすい地形にしている。

　筆者は阪神淡路大震災による被災地で、数ヶ月間調査、復旧にあたった。この時、盛土、埋土の斜面が崩れ、海や池や川を埋めた場所が沈下してい

るのを見て、"地震の時、地盤は元の形に戻ろうとする"、"大きな被害が発生する場所は人工造成地盤"、"被災の中で人命が奪われる恐れが最も大きいのは火災と斜面崩壊"と痛感した。

(3) 本来斜面は崩れやすいもの
1) 土質による斜面が崩れる角度
イ) 一般的な斜面の崩れ

繋がった地盤の真ん中は地震や豪雨で崩れることはないが、端は崩れる可能性がある。端には斜面（宅地造成規制法では崖。本書では法、斜面）が多い。

土が集まったものが地盤、その地盤の端にあり、高低差がある場所が崖である。元を成しているのは土であり、土粒子の粒径と空気、水の含有状態で「硬い土」と「軟らかい土」の違いが生じている。硬さ軟らかさを筆者は"土の凝集力（一塊になろうとする力）"と理解している。地盤の端の斜面の土が硬ければ、なかなか崩れず、軟らかければ崩れやすい。

このことは今だけに限らず、戦国の時代には城造り、治水のためにも重要なことであり、『上杉家兵法書』には「土居の角度は扇の矩をもってする」

図 2.2.1(a) 崩れる角度　　図 2.2.1(b) 扇の矩　　図 2.2.1(c) 土居の角度

表 2.2.1　各資料からの地盤が崩れる角度（θ）

各種資料	宅地造成規制法			○	○	○
	擁壁構造図集	○		○	○	○
	上杉家兵法書		○			
背面の土質		盛土腐植土		砂利、真砂土、関東ローム、硬質粘土、その他これらに類するもの	風化の著しい岩	軟岩（風化が著しいものを除く）
崩れにくい角度（θ）		25°	30°	35°	40°	60°

と記載されていたとのこと。現在は宅地造成規制法（以下、規制法）の中に定められており、それを図2.2.1、表2.2.1に示す。

　土質により異なるが、その斜面の土質が盛土なら25°、その他の自然地盤なら30°を超える角度なら崩れやすい、と覚えておこう。

　ロ）急斜面の崩れ

　宅地造成規制法にさらに覆い被さるのが土砂災害防止法（以下、防止法）による斜面への規制であり、30°を超える斜面にはレッドゾーン、イエローゾーンを設け、安易な建築を抑制している（図2.2.2）。

　斜面の崩れは、即人命を奪うことが多いため、斜面の肩部10数m、斜面の尻部（斜面高さの2倍）の範囲への建築は避けた方がよい。

2）地形による斜面崩壊

　斜面には尾根と谷（沢）があり、尾根に降った雨の多くは谷に集まって流下している。造成工事によって尾根が削られ、谷（沢）が埋められた場合でも、その後も水は谷（沢）に集まっている。この場合は谷（沢）に排水管を埋めて排水している（図2.2.3(a)、(b)）。しかし、谷（沢）というほどでない斜面の起伏の凹部は単に埋めて終わっている。この場合、凹部に集まった水はスムーズに流下できないため溜まり、土が泥化して、元の地

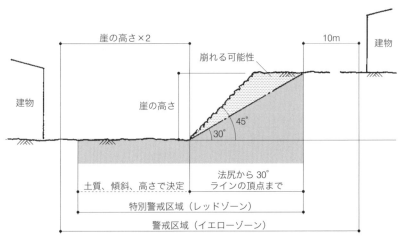

図2.2.2　急斜面の危険ゾーン

42　　I部　不同沈下の原因を知る

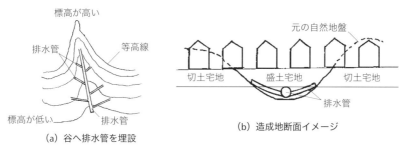

(a) 谷へ排水管を埋設　　(b) 造成地断面イメージ

図 2.2.3　谷を埋めた場合の排水

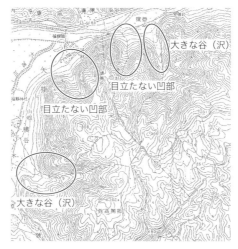

図 2.2.4　等高線から見る谷（沢）、凹部 _(国土地理院地図「箭田」から抜粋)

盤との摩擦力がなくなり、次の豪雨の時、一気に崩れた事故を多く見てきた。近年造成された山裾の造成地の場合は、旧版地図で、その宅地の下に谷（沢）や凹部の有無を確認し、それらがある場所は避けることを勧める（図2.2.4）。

2.3　地盤の液状化による被災

　地震により地盤が液状化して、道路や建物が大きく沈下している。
　1995年の阪神淡路大震災の時も液状化による被害が生じたが、あまり話

2章　自然災害による不同沈下　43

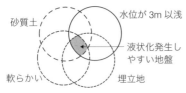

図 2.3.1　液状化しやすい地盤の条件

題にならず、2011年の東日本大震災において一気に採り上げられ、2016年の熊本地震でも大きく採り上げられた。

地盤が液状化する素因は多く言われているが、その中で近年の被災地に当てはめて確率が高いのは"地質が砂質土＋GL－3m以浅に水位がある＋地盤が軟らかい＋埋め立て地盤"の全てを満たした地盤である（図2.3.1）。

地盤の液状化についてはすでに多くの文献に記述されているため、本書では地盤の挙動についての専門的な記述は避け、違う視点で述べる。

筆者は熊本地震の液状化被災地で18ヶ月間、被災程度、修復可否、修復方法、修復工事立ち合い等のボランティア活動をした。関わった52棟から住宅の被災状況と事前の対応、事後の修復を次の通り把握した[文10]。ここで「不同沈下量」「傾斜角」の言葉を先に説明しておく。

- 不同沈下量⊿S：建物が沈下した時の最も高い位置と最も低い位置の沈下量の差（mm）
- 傾斜角φ：ある距離間の沈下量の差を水平距離1000mm当たりで表すことを言う。7mの間で90mm（図2.3.2のd－c）の差であれば $90:7000 = x:1000$ となり、$x = 12.85$ すなわち $\phi = 12.85/1000$ となる。それらを図2.3.2に示す。

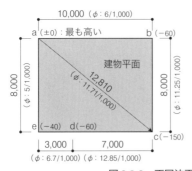

- 最も高い(a)：±0
- 最も低い(c)：－150mm
- 最大不同沈下量⊿S：(a－c) 150mm
- 最大傾斜角φ：(d－c) 12.85/1,000
  これはp.20 表1.3.1のランク3であり、瑕疵の可能性が大きい傾斜となる。

図 2.3.2　不同沈下量と傾斜角の例

(1) 被災状況

築後 40 年以上経過した木造、2 階建て住宅が多く、そのため新築時に地盤調査されていない建物が多かった。それら住宅は次の通り大きく傾き、不同沈下していた。

最大不同沈下量 $\triangle S$	200mm〜 28%	101mm〜199mm 41%	〜100mm 31%

平時の不同沈下では 100 mm ぐらいが多いが、被災建物は 150 mm 超が圧倒的に多かった。

最大傾斜角 ϕ	50.1/1,000 2%	16.8/1,000〜50/1,000 49%	10/1,000〜16.8/1,000 30%	〜9.9/1,000 19%

10/1000 超の傾斜なら壁に手を添えなければ歩けず、生活は不可能である。

傾いた方向	道路と反対側へ傾いた 45%	道路側へ傾いた 39%	どちらとも言えない 16%

阪神淡路、鳥取県西部、東日本大震災の被災地と同じく、道路と反対側へ傾いている住宅が多かった。被災直後は避難所に居ても、時間が経つと傾いていても自宅に戻りたい。この時、道路側へ傾いていたなら雨水、生活水を排水できるので何とか生活できる。しかし、反対側へ傾いていたら生活できない。道路と反対側に傾く原因について次の仮説を立てている（図 2.3.3）。

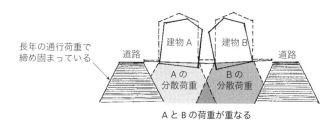

図 2.3.3　道路と反対側へ不同沈下する理由（仮説）

2 章　自然災害による不同沈下　45

仮説：
- 宅地を囲む道路は長年の通行荷重で深部まで硬い。
- A、B建物が接近している箇所は2棟分の分散荷重がかかっており、平時でも沈下していることがある（p.37図1.6.3(c)参照）。
- 液状化で地盤が緩くなった時、建物が沈下する。
- この時、道路側は締まった地盤に沈下が遮られる。
- 建物接近側は2棟分の荷重がかかっており大きく沈下する。

1) 液状化した地盤は緩くなっていた

修復方法を検討するためSWS試験を実施した。その中の築10年以内の建物では新築時のSWS試験データが保存されており、地震前よりはっきりと緩くなっている地盤が多かった。その一例を図2.3.4に示す。

2) 地盤補強していた建物も被災していた

新築時に地盤補強していた建物の被災状況は次の通りであった。

イ) 小口径鋼管杭（以下、鋼管杭）を打設した住宅は

鋼管杭には深部の硬い地盤まで打設して建物を支持する支持杭と、鋼管杭と地盤の周面摩擦力で建物を支持する摩擦杭があり、被災地で両者を見

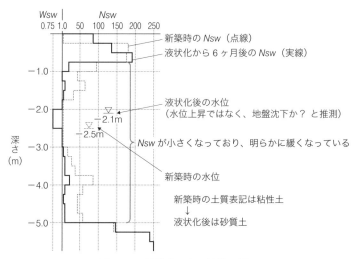

図2.3.4　液状化による地盤の緩み

I部　不同沈下の原因を知る

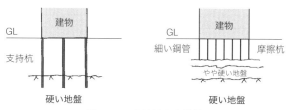

図 2.3.5　支持杭と摩擦杭

ることができた（図 2.3.5）。

○支持杭を施工していた住宅は

3棟を確認し、いずれも20 mm程度不同沈下していた。不同沈下量は少なかったが抜け上がりによる被害が大きかった（写真 2.3.1）。3棟のうち2棟では地盤が約500 mm沈下し、給排水管が切断され、ガス管が曲がり、なおかつ玄関外が500 mm下がったため、出入りできなくなっていた。以前は宅地と道路の高低差が300 mm程度であったが、800 mmとなった。当然のことながらべた基礎耐圧版下の地盤も500 mm近く沈下していた（図 2.3.6）。

宅地と道路の高低差が大きくなったため、擁壁が必要となり、修復総額はかなりの費用が高額となった。遠くから見ると「杭で良かった」と思いがちであるが、「杭打って、悔い残す」可能性がある。

○摩擦杭を施工していた住宅は

液状化で地盤が緩くなるのと同時に鋼管杭の周面の摩擦力がなくなり、

写真 2.3.1　抜け上がりで杭が露出

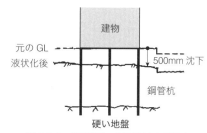

図 2.3.6　支持杭による抜け上がり＊

＊ 抜け上がり：杭を打っている建物の、地盤が沈下した場合、基礎や杭が露出する。地盤が沈下したのだが、一見すると地盤から杭が飛び出したように見えることから"抜け上がり"と言っている。

2章　自然災害による不同沈下　47

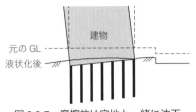

図 2.3.7　摩擦杭は宅地と一緒に沈下

摩擦杭を施工していない建物とほぼ同じ形態で住宅が不同沈下し、宅地、道路も沈下していた。「平時には沈下防止、地震時には地盤と一緒に沈下」これが摩擦杭の特徴のようだ（図 2.3.7）。

宅地と道路の高低差は生活の利便性に大きく関係しており、宅地、道路、建物が一緒に沈下する摩擦杭施工の住宅は案外"減災工法"かも知れない。

ロ）短い松杭を施工していた住宅は

築 20 年の木造店舗で松杭が施工（新築時の図面によれば長さ 2m/本が 30 本）されていた。地震後の SWS 試験によれば －4m まで軟弱な地盤であった。松杭施工の店舗は周囲の建物と同形態で沈下していた。

ハ）柱状改良を施工していた住宅は

活動した被災地の調査建物には見当たらず、他の地域で 2 棟確認したが、住宅オーナーの了解が得られなかったため、詳細は把握できなかった。

（2）建物を水平に戻す方法とその特徴

地震発生から 11 ヶ月後の段階では、修復工事済あるいは工事予定が決まっている棟数は 48％であり、残りの約半数は未だ決めかねていた。

1）修復工法

傾いた建物を持ち揚げて水平にする修復方法（Ⅲ部で詳細）は「①耐圧版工法」「②アンダーピニング工法」「③注入工法」「④土台揚げ工法」が一般的であり、いずれの工法を採用するかは次のいずれかで決めるべきである。

　A）以後、何があっても住宅が不同沈下しない：アンダーピニング工法
　B）とりあえず水平にするだけで、再度沈下することも許容する
　　　├─修復費用が最も安価、基礎躯体の強度が劣化………土台揚げ工法
　　　├─工事期間が短い、近隣に迷惑がかかる可能性あり…注入工法
　　　└─躯体の強度劣化なし、工事期間が長い………………耐圧版工法

注入工法、耐圧版工法は建物の構造・重量、土質等によって決めるべきで、特に石垣、擁壁との距離、土質（土質、水位）は重要である。しかしながら、被災地では地盤調査をすることなく施工されており、1ヶ月予定の工事が3ヶ月かかった現場があった。

2）修復しにくい家

次のような建物は修復できないか、かなり難しく費用が高額になる。逆に該当しなければ少し安価に持ち揚げ（8章参照）できる。

①宅地一杯に建てられている（余地がないため全て室内からの工事）
②布基礎がない（持ち揚げ箇所が限定される）
③無筋コンクリート基礎（不用意に掘削、持ち揚げると基礎が壊れる）
④瓦屋根、土壁、漆喰（持ち揚げ時に傷つけたら大きく損傷）

近頃は住宅の持ち揚げを専業とする会社が増えてきた。しかし、それらの会社はここ30年ぐらい前からの住宅の持ち揚げを得意としており、前記の②～④は不得意である。よって②～④の建物の場合は、曳家（写真2.3.2）で実績がある会社に依頼することを勧める。

写真2.3.2　300m先の新しい場所へ土蔵を曳家 (提供：江藤正幸氏)

（3）液状化の可能性がある地盤での新築時の地盤対策は？

熊本地震の被災地を細かく調べていく中で、液状化で傾いた家と傾いていない家が隣合わせであること、さらにその場所が線で繋がることに気がついた。しかし、その原因は掴めなかった。これはハザードマップで液状化発生の可能性地域であっても被災しない地域があることを示している。住民の多くは地盤が液状化することよりも、自宅がどれほど傾くかに関心がある。

液状化被害が考えられる地盤で新築住宅を考える時、「ある程度は被災する」と考え、「支持杭」と「摩擦杭」が対策工法となることが多い。すな

表 2.3.1　液状化の可能性がある地盤での対策工法の比較

対策工法	工法の略図	新築時費用(万円)	沈下の程度		修復費用		合計費用(万円)
			住宅	宅地	住宅修復	宅地修復	
無対策		0	大	大	耐圧版工法 500	0	500
表層改良 (2m未満)	厚さ1.0m	100	少し沈下		耐圧版工法 700	0	800
柱状改良		150	少し沈下		耐圧版工法 600	0	750
支持杭		400	なし		0	400	800

わち、地盤が沈下しても建物は不同沈下しない前者（図2.3.6）を選ぶか、平時は沈下しないが地震時は周囲の地盤と一緒に沈下する後者（図2.3.7）を選ぶかである。地震後、宅地を修復しなければならないのが前者であり、地震後、建物を修復しなければならないのが後者である。そのようなことから、対策方法選択の参考として表2.3.1を示す。

　ただし、表2.3.1に記載している金額は見積金額でなく熊本地震被災地で多く見た修復工事費用の概算平均値である。

　表2.3.1の修復費用は建物を水平にするためだけの費用であり、建物外部付帯物（給排水、玄関ポーチ土間、フェンス、塀の傾き等）の修復費用は含んでいない。

　稀に「液状化地盤で効果がある」と謳う工法がある。これを検討する時の大事なことは「どのような効果があるのか」「その工法を採用した場合の副作用はなにか」を詳しく聞き、「新築時施工費用」＋「被災後の修復費用」＝総額、で検討することである。その前に「修復費用0」を謳う工法は怪しい。なぜならば自然を相手にして「無被害」はあり得ないからだ。

2.4 浸水・洗掘により宅地の土が持ち出されて傾く

　水が地盤を削ることを洗掘と言う。平時と自然災害時に発生しており、前者は静かに発生しているため気がつくのが遅く、後者は豪雨、暴風雨時に発生して住民の命を奪うことがある。

(1) 平時の洗掘は水路の水が浸入して発生

　水路に接している宅地では次の洗掘が生じ、宅地の土が持ち出されて、庭が陥没、住宅の水路側が沈下することがある（図2.4.1）。
・水路側がコンクリート擁壁の場合の洗掘
　　水路側の擁壁の水抜き穴から水が出入りして、宅地の土を持ち出す。
・水路側が空積み石垣の場合の洗掘
　　石と石の隙間から水路の水が出入りして、宅地の土を持ち出す。
　大雨の時の水路の最高水位より上に水抜き穴を設けることで洗掘を防止できる。最高水位を見つける方法は次である。
・付近の既設擁壁についている汚れた色の高さが最高水位
・水路側に水田や更地がある場合、その高さが最高水位（図2.4.2）

　すでに擁壁がある場合は、低い位置の水抜き穴を埋めて、最高水位より高い位置に水抜き穴を設ければ良い。

(2) 大雨の時の洗掘

　大雨により河川の水位が上昇すると、宅地近くの水路から排水ができな

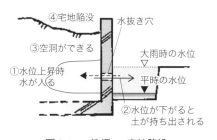

図 2.4.1　洗掘 → 宅地陥没

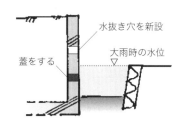

図 2.4.2　洗掘対策

くなり、道路や宅地が浸水する(内水氾濫)。この場合は静かな浸水であり、宅地の土砂が削られ流失することはない。さらに河川の水位が上昇すると、堤防を越え、堤防が壊され一気に濁流が宅地に流れ込む(外水氾濫)。この場合は宅地の土砂が流され、建物が壊され、傾く。これも洗掘被害である。

写真 2.4.1　洗掘されて露出した鋼管杭

2018年の西日本豪雨による倉敷市真備町の被災地では、濁流が流れ込んで住宅の壁が壊されながら、傾いていない建物があり、それらでは鋼管杭、柱状改良等が建物を支持していた(写真 2.4.1)。しかしながら、2019年の千曲川堤防決壊による被災地では、柱状改良していた建物であったが、べた基礎から上の建物の全てが流されている[文11](図 2.4.3)。倉敷市真備町の被災地で決壊した小田川の川幅は約230 m、末政川は約10 mであるが、千曲川の決壊場所の川幅は約1000 m。建物が流されるか否か、この違いは水量と勢いの違いであり、大雑把に見れば川幅の違いのように思える。

外水氾濫を予期することは難しく、濁流の勢いの違いなどはさらに不可能である。河川に近く、堤防に近い場所に住む場合は、行政からの情報と降雨量に自らが注意し、早く避難することが最善の減災である。

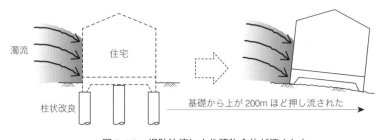

図 2.4.3　堤防決壊により建物全体が流された

2.5 「自然災害は仕方がない」では済まされない

(1) 年間の降雨量は変わっていない

　ゲリラ豪雨とか線状降水帯等の言葉を梅雨頃からたびたび耳にし、それと同時に被害が報道されている。これらの原因は地球温暖化による気候変動であると言われている。しかし、気象庁データ[文12]によれば、ここ30年間、日本の年間降水量は約1700mmで増減していない。このことから、梅雨〜台風時期は以前より多く降り、他の時期は雨量が減っていることになる。

(2) 適量の雨は地盤に必須。しかし過ぎると弱くなる

　先の項で述べた通り、水を含まない土は小麦粉のような状態であり、硬さがない。日常、目にする土は適度の水を含んでいるため凝集力が生まれ硬さがある。この土に多過ぎる雨水が注がれたなら、土粒子の凝集がなくなりドロドロになる。また地表面から下部へ水が浸透し、下部の硬い層の上に集まることによって、滑り台のようになり上部の土が滑る。これらが土砂崩れである。言いかたを変えれば、豪雨により、土の硬さを決める粘着力 c、内部摩擦角 ϕ が小さくなっている。

(3) 建築基準法は自然災害による地盤の変質を考慮していないが

　新築前に地盤調査、測量を行い、建物の位置と基礎の設計を行う。この時の前提は次である。

・新築時の地盤調査結果は未来永劫変わらない
　　＝地盤の支持力度は、未来永劫変わらない
・新築時の地盤は、未来永劫、基礎下に同じ高さであり続ける

　しかし、自然災害があれば住宅地盤の地盤性状は一気に変化し、凝集力が低下し、あるいは基礎下の地盤がなくなっている。

　「自然災害だから免責」「建築基準法に適合した設計、施工をしておけば責任を問われない」、被災地でこのような言葉をたびたび耳にしてきた。疑問に思い建築基準法第1条を確認してみると、次の通り定められている。

2章　自然災害による不同沈下　｜　53

"この法律は、建築物の敷地、構造、設備及び用途に関する最低の基準を定めて、国民の生命、健康及び財産の保護を図り、もって公共の福祉の増進に資することを目的とする"

建築基準法では新築時だけを定めているように読み取れるが"最低の基準"という言葉から、平時だけでなく、自然災害時も含まれているとも読み取れる。"地震、豪雨、線状降水帯"が日常になった今、宅地の地盤性状はその度に大きく劣化している。これからはその現実を受け止め、自然災害時の地盤の変化を見込んだ地盤調査、設計をすべきであり、それが建築基準法の最低の基準を超えた、すなわち専門家の専門家たる所以と考える。いつまでも「天災だから免責」は終わりにしたい。

コラム 不同沈下は"現代病"？

筆者が小学校入学前に以前から住んでいた家を取り壊し、建て替えた。この時、親戚の勧めで大工棟梁と弟子の二人が、半年間、我が家の納屋に寝泊まりして建てた。その後、左官屋さんが粗壁を塗り、漆喰を塗って完成まで5年ぐらいかかった。その後、新築した家に住んでいる時、何回か棟梁が来て何かをして帰った。当時の住宅は「知り合いの棟梁が建てる」「新築後、何かあったら棟梁が来て手を加える」ことで、トラブルはなく平穏だった。

1960年後半から住宅ブームが都市部で興った。このために大量に住宅を建築できる住宅会社が出現し、それと並行して山の切り崩しや水田や池を埋めた造成が活発に進められ、宅地が供給された。

従来からの住宅はしっかりした地盤に時間をかけて建築したが、住宅ブーム以降は出来たてホヤホヤの宅地に短期間で建築した。このため、新築した住宅が傾く（当時のマスコミは不等沈下、と呼んでいた）事故が発生した。

これは造成直後ということを忘れ、「住宅程度が傾くことはない」との昔からの気持ちが先行して設計・施工したため傾いたのである。

古くからの土地に時間をかけて建てる時代から、造成直後の土地に短期間で建てる時代へ変えたのが住宅ブームであり、それを契機として現れた「傾く＝不同沈下」現象は正しく現代病と言える。

II部
敷地・地盤の調査・評価方法

　ここまでは、水か空気が多すぎる地盤で不同沈下が多く発生している例を述べ、建物の重さで不同沈下することは少ないことを述べてきた。

　II部では、不同沈下しやすい宅地を、立地、地形、地名、旧版地図からの見当のつけかた、盛土宅地の盛土厚さの判断方法及び各種地盤調査方法の特長を解説する。

3章 立地の調査

3.1 自然災害の恐れがある場所の見分けかた

　自然災害で被災しやすい場所であるか否かは、現在の地形図、その場所の変遷を知ることができる旧版地図、過去にあった大きな自然災害を記録している自然災害伝承碑、地域の地名などでおおよその見当がつく。

　地名と旧版地図（古地図と言う人もある）は、この後、詳しく述べるので、ここでは地形、自然災害伝承碑について述べる。

(1) 地形による見分けかた
1) 身近な地形を確認しよう

　我々の身近には沖積地盤と洪積地盤があり、その地盤の中で、自然災害に関係している地形を図 3.1.1 に示す。図 3.1.1 において太字は沖積地盤が

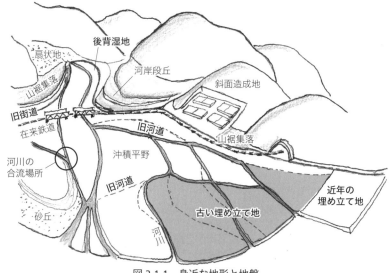

図 3.1.1　身近な地形と地盤

表 3.1.1　宅地の立地による被災の可能性

地盤	地形	被る自然災害							
		斜面崩れ	湧水	沈下	液状化	浸水	擁壁倒壊	コンクリートブロック塀倒壊	津波
沖積地盤	後背湿地		○	◎	◎	◎	○	○	
	近年の埋め立て地			◎	◎	◎		○	◎
	古い埋め立て地			◎	◎	◎		○	◎
	旧河道		◎	◎	◎	◎	○	○	
洪積地盤	扇状地	○		○	○	◎			
	斜面造成地	◎	◎	◎			◎	○	
	河岸段丘	○							
	山裾集落地	◎	◎				○	○	
河川の合流場所（図の○印）						◎			

注) ◎：被災の可能性が大きい　　○：被災の可能性がある

多い。

　これら地形にある宅地が蒙る自然災害とその可能性の大小を表 3.1.1 に示す。大まかな見方をすれば次の通りとなる。

　沖積地盤の地域：6000 年前ぐらいまで水面下にあり、その後地上に出た地盤。水を多く含む平坦な地盤のため、軟らかく、湧水、沈下、浸水、液状化等の災害が発生している。

　洪積地盤の地域：沖積地盤より古く硬い地盤であり、丘陵や山が該当する。しかし、造成工事により乱され、緩い地盤となった宅地があり、そこでは沈下、土砂崩れ、擁壁変状等が発生している。

2）自然災害の恐れがある宅地の見分けかた

イ）「重ねるハザードマップ」で地域の概要がわかる

　国交省の「重ねるハザードマップ」*で目的の場所を探せば、その地域の

＊　https://disaportal.gsi.go.jp/maps/?ll=35.353216,138.735352&z=5&base=pale&vs=c1j0l0u0t0h0z0

地形と災害を知ることができる。しかし、ピンポイントの場所の特徴、危険性はわからない。

ロ）実務専門家からの一言はまさに"金言"

筆者はこの50年間、多くの実務専門家と現場を歩いた。その同行の中で、専門家がつぶやいた「一言」の意味を聞き直して大事に記録した。その後、他の現場で「一言」が合致していることを確認でき、筆者の大事な財産となった。また筆者自身がこの50年間で経験、確認したこともある。それらの一部を列記する。

①地盤は深くなるほど硬くなる（図3.1.2）地盤調査、設計時の心構え

②地盤は深さ1mmで約1年。1m下は1000年昔の地盤（図3.1.3）

③上流の砂は大きくて角があり、下流の砂は小さくて丸みがある

④大きな木は、地滑りがなかったから大きくなれた

　過去の地滑りの有無のヒント。

⑤広葉樹は滑りにくく、針葉樹は滑りやすい

　広葉樹の根は水平にかつ斜面の山側に拡がるため崩れにくい、との金言であり、被災地で多く見てきた（図3.1.4）。しかし、身近な範囲に針葉樹系が植林されたため滑りやすいのかも？との疑問ももっている。

⑥木が自然に生えている斜面は崩れにくい（植林された斜面は信用できない）

　木が自然に生え大きくなっているのは大きな地滑りがなかったから。人が植林した斜面は新参者であり、斜面の動きを反映できていない。

⑦木の背丈が揃っていない所は地滑りしているかも？

　長年の間に時々地滑りしていたら木が生育できない。

⑧"あて"がある木の斜面は目に見えない速度で地滑りしている

　地滑り専門家からたびたび聞いた言葉（図3.1.5）。

⑨石垣は反りと間詰石を観る

　古い石垣を見る時の要点。隙間に詰めている間詰石が外れていたり、隙間が大きく、多いのは危ない（図3.1.6）。

⑩水は溜めず、溜まった水は流す

　「水はためずに排水」これは全てに通じる考えかた。

⑪冷たい水は遠くからの浸透水、温い水は近頃の水（図 3.1.7）

　石垣の間からの水が冷たい場合、遠い山から浸透して時間をかけて流れてきた水。これを安易に止めると大きな弊害が生じる。温い水であれば最近の雨水が染み出たものであり、止水をしても弊害は少ない。

⑫旧街道、JR 在来線は良い地盤、悪い地盤の境目にある

　稲作しやすい場所に人が集まり、村から街となり、街道が作られ、その後、鉄道が敷設された。この経緯を考えれば納得できる。

⑬夏になっても雑草が生えない宅地がある

　植物の生育を妨げる化学物質が混ざった土で盛土された宅地がある。ここでは雑草すら生えず、この土地は宅地には不適格である。

⑭膨張する宅地がある

　「旧産炭地の近年の切土宅地」では建物が持ち揚げられることがある。石炭層の上か下に「頁岩」があり、造成切土で「応力解放」され、地上に出て"膨潤（水を吸って膨張）"して住宅を持ち揚げている。福島県、福岡県、長崎県、山口県の旧産炭地で多く経験した（図 3.1.8）。

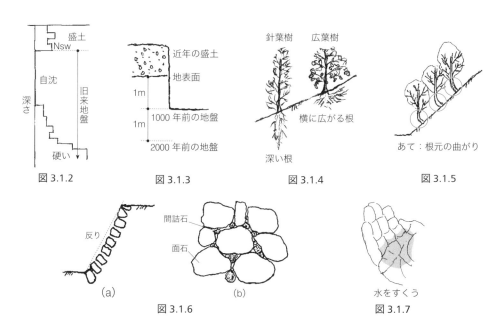

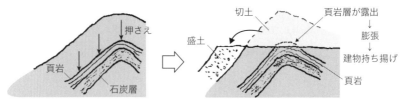

図 3.1.8　旧産炭地の切土宅地

⑮眺望をとるか、安全をとるか

　新規に造成された住宅団地の端は眺望が良いから好まれる。しかし、豪雨、地震時に大きく被災するのは、ほぼ全て端の宅地である。眺望優先で端の宅地を選ぶなら、宅地の崩壊を覚悟しておいた方が良い。

(2) 自然災害伝承碑は先人の経験と警告

　東日本大震災後の 1 ヶ月後に新聞記事で宮古市姉吉の大津浪記念碑を知り、同年 4 月末に訪れた。道端の斜面に小さな石碑があり（写真 3.1.1）、碑には次のように刻まれていた。

「高き住居は子孫の和楽　想え惨禍の大津波　此処より下に家を建てるな

明治 29 年にも昭和 8 年にも津波は此処まで来て　部落は全滅　生存者僅かに前二人　後に四人のみ　幾歳経るも要人のこと」

　碑のそばで遊んでいた子供に話しかけると「お陰様で、助かりました」。当日、車中から見てきた被災状況と石碑、子供の言葉が重なり、胸が詰まり、目が潤んだ。帰り道の重茂にも、吉里吉里にも記念碑があり（写真 3.1.2、3.1.3）、その後も 3 ヶ所確認した。いずれも石碑の足元までガレキが流れてきており、正しく境界線に石碑が建っていた。

　幾度も土砂災害が発生している広島県では各地に記念碑が建立されている。写真 3.1.4 は西日本豪雨（2018 年 7 月）で被災した小屋浦地区の公園にある水害碑であり、1907（明治 40）年の大洪水の後建立され、最近この場所へ移築された。記念碑の足元には押し寄せた土砂の跡が残っていた。

　災害の記念碑だけでなく「社」も被災が少なく、寺が被災しているのを

写真 3.1.1　姉吉の記念碑

写真 3.1.2　重茂の記念碑　碑より向こうは被災して人家なし

写真 3.1.3　吉里吉里の記念碑
海から碑までが被災

写真 3.1.4　小屋浦の水害碑
くっきりと土砂の跡

見た。寺は人々の日常生活に近い存在であるため集落に近い場所にあり、社は身近であるが崇めるものであるから、標高が少し高い場所に建てられているためと想像した。これらのことから、自然災害記念碑、社が自然災害での被災の境界線か、と考えた（写真 3.1.5）。

写真 3.1.5　住宅地のそばの社
手前は津波で被災

大災害から 100 年も経てば当事者は居なくなり、前の大災害を覚えている人はいない。「災害は忘れた頃やってくる」とは言い当てている。

また前節で「地盤の厚さ 1mm が 1 年」と述べた。大災害から 100 年経

3章　立地の調査　61

過すれば地表面に 100 mm 堆積し、この間にいくらか流れたとしても、次に土砂として流れる表土が積もっているはず。100 年経てば人々は忘れ、その間に自然は次の崩れを準備している。これが土砂災害と思える。

国土地理院ホームページで「自然災害伝承碑」を検索すれば、身近な場所での自然災害伝承碑を知ることができる。自然災害伝承碑をモニュメントと捉えず、先人の警告、境界線と認識すれば、自ずから減災できる。

3.2 地名を知れば減災への備えができる

あることをきっかけに、30 歳を過ぎた頃、地名にのめり込んだ。

地球の歴史は 40 数億年と言われており、我々の先人は数千年前から住み、生きるために自然の脅威と闘い、また自然が造形した大地を変えてきた。

その中で、危険と苦労を経験した場所を「危ないぞ、気をつけろ」と言葉で周囲の人々に伝えてきたのが今に伝わる地名であることを知った。

すなわち我々の先人が、自分と自分の家族を守るため自然と闘い、その体験や恐怖などを声で伝えた言葉が地名となったものであり、地名は先人が我々に残してくれた警告であり、教訓と理解している。

地名を真摯に学ぶことによって、その場所の過去の自然との関わりを知ることができ、過去がわかればその場所に将来襲ってくる自然災害を想像することができる。将来が想像できれば備えができる。

我々はともすれば科学、工学だけに頼るきらいがあるが、先人が残した警告（地名）も気にして生きることが大事である。なぜならば、昨今、常態化した自然災害の被災地において合致する地名が多いからである。

軟弱地盤、土砂崩れが元になっている地名の中から、全国的に分布しており理解しやすい地名の一部を表3.2.1に示す。それら地名の全ては文献[文13〜26]から学んだものであり、さらに詳しく知りたい方は参考文献以外にも著書が多いので熟読していただきたい。

表 3.2.1　地名の由来と自然災害の関り

地名の由来			被災の可能性			該当地名
			A	B	C	
アイ	2つの川が合流する場所に多い地名 　　大雨の時氾濫する、土砂堆積		○			落合、河合、川合
アカ	"垢"が溜まった場所 　　低地の窪地、弱地盤、水位が高い		○			赤池、赤沼、赤尾
イ	"井"水が湧き出る場所 　　低地なら：水位が高く、軟弱地盤 　　山裾なら：飲み水が湧き出る、居住適地		○			大井、井田、石井他
ウメ	"埋めた所"	低地なら：窪地を埋めた場所	○			梅田
		斜面下なら：崩れて埋まった場所			○	梅沢、梅木
カ	"欠ける"：地盤が欠ける（崩れる場所）				○	柿、垣、影
ク	"崩れ"：崩れる場所				○	呉、栗
コ	"ゴミ"：流れてきたドロ、ゴミが堆積した場所		○			五味、五明
コウチ	大雨で氾濫、浸水した場所（河の中の意味）		○			高知、川内
シ	"尻"：地盤用途、地形の終わり（ここから先はダメの意味）		○	○		川尻、田尻江尻
ニ	"ニッタ（仁田、仁井田、新田）"：水田開発のため埋められた場所		○			新田、仁田仁井田
ハ	"端（ハタ）"：端、用途の終わりの場所			○		田端、川端
ヨ	"葦"：水辺に生えている草（水辺と陸地の境目）			○		吉原、吉川
ツ	"津"：昔の港、船着き場（水辺と陸地の境目）			○		大津、中津
タ	多くは田でなく"所"		○			田井、小田

注) A：軟弱、水位が高い、浸水しやすい場所　B：良い地盤と悪い地盤の境目の場所　C：土砂崩れしやすい

コラム　古地図・地名から敷地を見る

　2016年熊本地震により熊本市南区の一部地域では地盤が液状化して多数の建物被害が生じた[文10]。この被災地のほぼ南端に川尻地区がある。「地名、地図」を元に自然災害を述べるのは個人の権利が尊重される現在は躊躇するが、川尻地区の液状化被災状況はすでに知られているため採り上げる。

　川尻の西側近くには島原湾があり、川尻の南には島原湾に向かって流れる加勢川、緑川が接している。また江戸時代には川尻には熊本藩の蔵があり、川尻から北の熊本まで用水路を使って米を舟で運搬している[文27]。その用水路、緑川、加勢川のいずれも最終地点の場所が川尻であり、川の終わり＝川尻はわかりやすい地名である。

地図には古地図、旧版地図、地形図があり、我々が自然災害を考える時、旧版地図と地形図の比較が役立つ。川尻付近の地図を比較[文10]すると、時代の経過とともに川が埋められ生活地盤になっていることがわかる（図イ）。

　川尻で被災した中に119mm不同沈下した建物があり、敷地の半分は川の埋め立てであった。新築時のSWS試験結果[文10]を図ロに示す。

　全体的に緩いが川を埋め立てた箇所の方が少し硬い。

　−1m以深は全て粘性土と記録されている。（地震後のSWS試験調査では川の埋め立て側は細かい砂）。

　このような地盤で川の埋め立て側が119mm不同沈下した。N_{SW}の大小でなく「細かい砂＋埋め立て地盤」で液状化が起こるのを再認識したが、SWS試験で細かい砂を粘性土と判断することはやむを得ず、SWS試験による詳しい土質判断は無理であることも実感した。

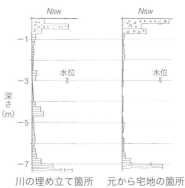

川の埋め立て箇所　　元から宅地の箇所
図ロ　地震前のSWS試験柱状図

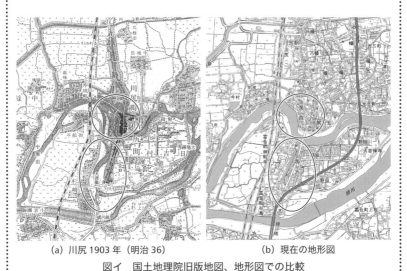

(a) 川尻1903年（明治36）　　(b) 現在の地形図
図イ　国土地理院旧版地図、地形図での比較

4章 造成宅地の調査

軟弱地盤よりも事故が多い造成地

　人間1人の接地圧は約17 kN/m²（p.21 図1.3.4）であるのに対して木造2階建て住宅の接地圧は11〜13 kN/m²であり人間より軽いことは前述した。このことは年月を経た宅地に当てはまる。すなわち建替えの場合、建物の重さで地盤の中にめり込む（これを本書ではめり込み型沈下と呼んでいる）ことはほとんどない。

　これに対して多くの不同沈下事故は自然地盤に手を加えた、いわゆる造成地盤で発生している。この場合は住宅を支持すべき地盤自体が沈下変形して、それに追随して住宅が不同沈下したものである（本書では追随型沈下と呼んでいる）。すなわち、人が手を加えた人工宅地、造成宅地で不同沈下事故が多く発生している。

4.1　盛土（人工地盤）と地山（自然地盤）の違い

　自然地盤に人工的に手を加えたものが人工改変地盤（盛土地盤）である。

　自然の中で外的要因（風雨、水流、地震、荷重など）によって地盤性状が変えられ、その地になじむ性状になっているのが自然地盤（地山）である。それ故に過去に経験した外的要因の範囲では地滑りも、隆起も沈下も生じにくい。

　この自然地盤に対して「地盤を削る、斜面角度を変える、新たな土を載せる」などを施した場合、その地になじんでいた自然地盤が新たな刺激、苦痛を感じ、もがき苦しむ。この動きが表面的には沈下、滑り、隆起となり、その影響を受けた宅地、住宅が沈下、変形している。これが人工改変地盤（盛土）での不同沈下であり、沈下、変形の素因は土中の空気、水であり、誘因は造成後に作用する降雨の浸透と荷重である。

これらのことは pp.25-28 図 1.4.4～1.4.7 で詳しく記述しており、重複する説明は避けるが、まとめて図 4.1.1 に示す。

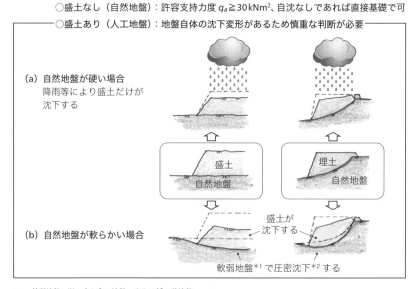

*1 軟弱地盤：泥、水が多い地盤、または緩い砂地盤
*2 圧密沈下：圧力で自然地盤から水が絞り出されて沈下する現象

図 4.1.1 自然地盤（地山）と人工地盤（盛土）の沈下形態の違い

4.2 盛土の有無を確認する方法

(1) 宅地の周囲の畑や水田からの高低差から知る

田畑と宅地表面の高低差が盛土厚さであることが多い。稀に 2 つの田畑にまたがった宅地がある（建物はまたがらない方が良い、図 4.2.1）。

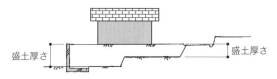

図 4.2.1 段差がある場所は盛土厚さが異なる

（2）造成計画平面図から盛土厚さを読み取る

　造成計画平面図には元の地盤の海抜標高（以下、標高）、造成する宅地、道路の標高が書かれている。計画宅地の標高が自然地盤より低ければ切り崩し（切土）、その土で低い箇所を埋める（盛土）。この切土、盛土は造成計画平面図から容易に読み取れる。以前は造成計画平面図の全てを入手できたが、今は該当宅地分だけ入手できる。造成計画平面図を図 4.2.2、その一部を拡大し A、B、C の 3 宅地を図 4.2.3 として示す。

　図 4.2.3 から読み取れる a－a´ 断面を図 4.2.4 に示す。

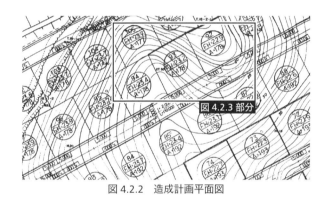

図 4.2.2　造成計画平面図

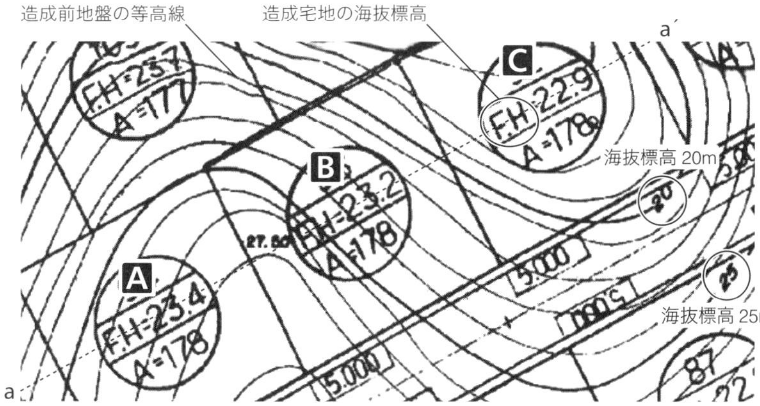

図 4.2.3　造成計画平面図の一部を拡大

4 章　造成宅地の調査　　67

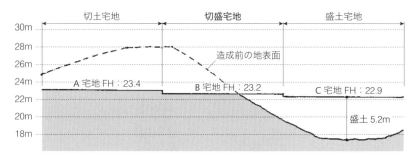

図 4.2.4　A、B、C 宅地の断面図

図4.2.4から3宅地は次の通り考えられる。
○ A 宅地：全て切土（空気、水が少ない）の硬い宅地
　　　➡ 不同沈下しない
○ C 宅地：全て盛土であり、乱された地盤であるため空気が多い
　　　➡ 雨水が浸透して地盤自体が沈下する
○ B 宅地：切土部分は沈下しないが、盛土部分は地盤自体が沈下する
　　　➡ 建物の半分が沈下するため、顕著な不同沈下となる

これらをまとめて表4.2.1に示す。

表 4.2.1　図 4.2.4 宅地の盛土厚さ

宅地	盛土厚さ	切土厚さ	不同沈下の可能性
A	なし	≒ 2.0～4.5m	なし
B	≒ 3.0m	3.5m	大いにあり
C	≒ 3.0～5.2m	なし	あり

(3) SWS 試験結果の柱状図から盛土厚さを読み取る

筆者は SWS 試験の経験から地盤を次のように見ている。
①地盤は深くなるほど硬くなる
　若い頃「自然地盤は深さ 1mm/ 年」とボーリング屋さんから教えられ、「3m 下は 3000 年前」と、地盤を見るのが楽しくなった。
②水田の表土は軟らかく、石は混ざっていない

筆者は農家の子。石が混ざっていたら田植え（昔は手植え）はできないことはよく知っていた。

③丘陵斜面の表土は少しだけ軟らかい

雨水の流れと気温差による石の細分化と腐葉土堆積で軟らかい。

④ガリガリと感じる石は角ばった石、コリコリと感じる石は角が取れた丸みがある石

丘陵地のコリコリ石は平野が隆起した場所にある。

山で生まれ、砕けた石が川の流れで丸くなり、下流に行くほどさらに丸くなる。

⑤貫入最終深度が「空転」の場合は（硬質地盤でなく）石やコンクリート等の障害物に当たっている

⑥回転をやめた時、逆回転の反発があるのは自然地盤の硬い層であり、本当に硬い地盤ならスクリューポイントを掴んで離さない

⑦回転貫入時、$Wsw = 0.25$ kN 以下でストンと一気に自沈するのは、その深さに「空洞」がある証。空洞は防空壕、芋穴、昔の便所跡等の場合が多い

⑧自然地盤の硬質層は宅地周囲の道路の傾斜と同じ。元々の傾斜に逆らった造成はほとんどない

これらに基づいてSWS試験柱状図を見ていくと、およその盛土層の最下端を見つけることができる。その一例を次頁の図 4.2.5 〜 4.2.7 に示す。

1）図 4.2.5 での盛土厚さ

「丘陵地」がキーワード。切土と盛土がある。全て切土なら下方へいくほど硬く（Nsw が大きく）なる。硬くなり、その下が緩くなるのは盛土。

2）図 4.2.6 での盛土厚さ

「水田表土は軟らかく、石などの異物が混ざっていない」。このことから自沈層の最上部までが盛土であり、盛土厚さ 1.75 m である。

3）図 4.2.7 での盛土厚さ

市街地の昔は水田であった所が多い。GL − 0.75 m まではかなり硬いが、以深は軟らかくなり − 1.25 m で自沈が始まる。この − 1.25 m までが盛土、すなわち盛土厚さは 1.25 m である。

荷重 Wsw		半回転数 Na	貫入深さ D m	許容支持力 qa kN/m³	1m当たりの半回転数 Nsw	換算 N値	記事		許容支持力 qa (kN/m³)
kN	kgf								
1.00	100	8	0.25	49.2	32	4.6		粘性土＊	
1.00	100	12	0.50	58.8	48	5.4		粘性土＊	
1.00	100	20	0.75	78.0	80	7.0		粘性土＊	
1.00	100	19	1.00	75.6	76	6.8		粘性土＊	
1.00	100	7	1.25	46.8	28	4.4		粘性土＊	−1.5mまで急激に硬くなっている。これはありうる。
1.00	100	9	1.50	51.6	36	4.8		粘性土＊	
1.00	100	42	1.75	130.8	168	11.4		粘性土＊	
1.00	100	122	2.00	322.8	488	27.4	打撃03回	粘性土＊	
1.00	100	83	2.25	229.2	332	19.6		粘性土＊	
1.00	100	95	2.50	258.0	380	22.0		粘性土＊	
1.00	100	102	2.75	274.8	408	23.4	打撃03回	粘性土＊	
1.00	100	89	3.00	243.6	356	20.8	打撃06回	粘性土＊	
1.00	100	41	3.25	128.4	164	11.2		粘性土＊	−3m から軟らかくなり、−4.5m では Nsw12。丘陵地の自然地盤で、このようなことはほとんどない。
1.00	100	33	3.50	109.2	132	9.6		粘性土＊	
1.00	100	15	3.75	66.0	60	6.0		粘性土＊	
1.00	100	12	4.00	58.8	48	5.4		粘性土＊	
1.00	100	7	4.25	46.8	28	4.4		粘性土＊	−4.5m
1.00	100	3	4.50	37.2	12	3.6		粘性土＊	
1.00	100	9	4.75	51.6	36	4.8		粘性土＊	
1.00	100	14	5.00	63.6	56	5.8		粘性土＊	
1.00	100	17	5.25	70.8	68	6.4		粘性土＊	−4.5m 以深は深くなるほど硬くなっている。
1.00	100	30	5.50	102.0	120	9.0		粘性土＊	
1.00	100	31	5.75	104.4	124	9.2		粘性土＊	
1.00	100	24	6.00	87.6	96	7.8		粘性土＊	以上のことから盛土厚さは≒4.5m前後である。
1.00	100	27	6.25	94.8	108	8.4		粘性土＊	
1.00	100	27	6.50	94.8	108	8.4		粘性土＊	
1.00	100	29	6.75	99.6	116	8.8		粘性土＊	
1.00	100	33	7.00	109.2	132	9.6		粘性土＊	

図 4.2.5　丘陵地のひな壇宅地での柱状図の見方と盛土厚の判断

盛土の中に混ざっている物
「ガリガリ石は山からの盛土」（水田に似つかわしくない）

荷重 Wsw kN	荷重 Wsw kgf	半回転数 Na	貫入深さ D m	貫入量 L cm	1m当たりの半回転数 Nsw	換算 N値	記事	
1.00	100	5	0.25	25	20	3.3		砂質土
1.00	100	29	0.50	25	116	9.8	ガリガリ	砂質土
1.00	100	90	0.75	25	360	26.1	打撃01回	砂質土
1.00	100	62	1.00	25	248	18.6	打撃01回	砂質土
1.00	100	99	1.25	25	396	28.5		砂質土
1.00	100	52	1.50	25	208	15.9	ガリガリ	砂質土
1.00	100	27	1.75	25	108	9.2	ガリガリ	砂質土
1.00	100	自沈	2.00	25	0	2.0	ハヤイロッド回転	砂質土
1.00	100	自沈	2.25	25	0	2.0	ハヤイロッド回転	砂質土
1.00	100	自沈	2.50	25	0	1.0	ハヤイロッド回転	砂質土
1.00	100	自沈	2.75	25	0	1.5	オソイロッド回転	砂質土
1.00	100	3	3.00	25	12	3.6		粘性土
1.00	100	3	3.25	25	12	3.6		粘性土
1.00	100	4	3.50	25	16	3.8		粘性土
1.00	100	4	3.75	25	16	3.8		粘性土
1.00	100	5	4.00	25	20	4.0		粘性土
1.00	100	5	4.25	25	20	4.0		粘性土
1.00	100	7	4.50	25	28	4.4		粘性土
1.00	100	9	4.75	25	36	4.8		粘性土
1.00	100	12	5.00	25	48	5.4		粘性土
1.00	100	8	5.25	25	32	4.6		粘性土
1.00	100	8	5.50	25	32	4.6		粘性土

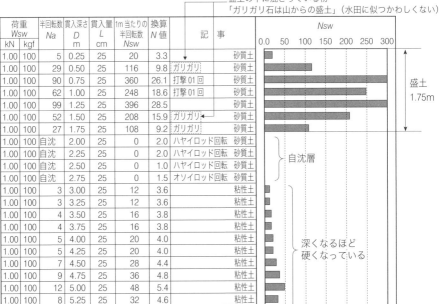

図 4.2.6　水田に最近盛土した宅地の柱状図

荷重 Wsw kN	半回転数 Na	貫入深さ D m	貫入量 L cm	1m当たりの半回転数 Nsw	記事 音・感触	記事 貫入状況	推定柱状図	換算 N値 N	換算 q_a kN/m³
0.00	0.0	0.15	15	0	該当なし	ハツリ		—	—
1.00	30.0	0.25	10	300	ジャリジャリ			22.1	270.0
1.00	25.0	0.50	25	100	〃		砂質土	8.7	110.0
1.00	39.0	0.75	25	156	〃			12.5	154.8
1.00	9.0	1.00	25	36	〃			4.4	58.8
1.00	2.0	1.25	25	8	無音	途中自沈		3.4	36.4
1.00	0.0	1.50	25	0	〃	ゆっくり	粘性土	3.0	30.0
1.00	0.0	1.75	25	0	〃	〃		3.0	30.0
1.00	0.0	2.00	25	0	〃	〃		3.0	30.0
1.00	2.0	2.25	25	8	〃			2.5	35.4
1.00	3.0	2.50	25	12	〃			2.8	39.6
1.00	3.0	2.75	25	12	〃			2.6	39.6
1.00	8.0	3.00	25	32	〃			4.1	55.0
1.00	21.0	3.25	25	84	〃		砂質土	7.6	97.2
1.00	24.0	3.50	25	96	〃			8.4	106.8
1.00	50.0	3.75	25	200	〃			15.4	190.0
1.00	43.0	4.00	26	172	〃			13.5	167.6
1.00	55.0	4.25	26	220	〃			16.7	206.0
1.00	56.0	4.50	26	224	〃			17.0	209.2

図 4.2.7　市街地の建替え宅地の柱状図

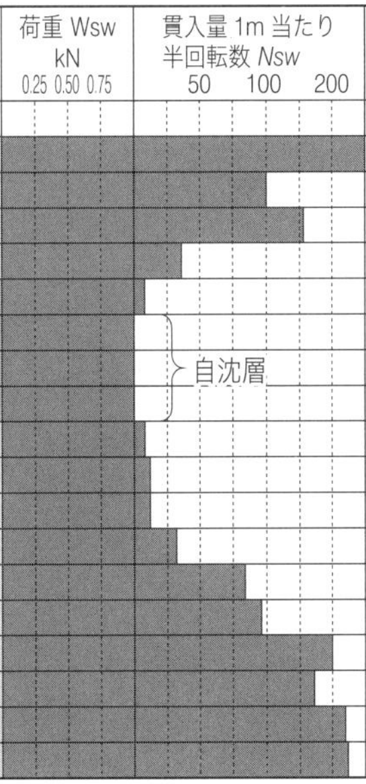

5^章 地盤調査

5.1 安価で普及しているが万能ではない「SWS 試験」

(1) 現在の全自動 SWS 試験機による地盤調査の問題点

告示で示された試験方法、重労働から解放された全自動試験機、支持力度はパソコンで計算、柱状図は自動作図等々、導入から 40 数年で SWS 試験は大きく進化した。しかし、未だ不同沈下は後を絶たない。それから見える現在の問題点を列記する。

1)「SWS 試験は支持力度 q_a だけが把握できる」という認識が欠如

支持力度不足による不同沈下事故は極めて少ない(p.23 図 1.3.6　3 ～ 5％)。すなわち、全体の 3 ～ 5％ だけを把握しているのであり、最も多い地盤自体の沈下変形による不同沈下が判断できない試験機である。

2) 試験データの丸め化による地盤性状の変質に気がついていない

深さごとに Wsw、Na、Nsw が異なるのが地盤である。しかし、その状態のままでは柱状図としてまとめにくく、かつ支持力度計算も煩雑になる。

このため「地盤の深さ 0.25 m ごとに丸めて表示」されている。これは 0.25 m の間で、最も層厚が大きい Wsw、Na、Nsw を、その 0.25 m の値として表示するものである。これにより地盤性状の中で注目している自沈層（空気が多い層、もしくは水が多い層）がなくなり、「少し緩い地盤」と表示されており、丸めにより不同沈下事故が発生している。そのことを説明するため、ある現場の「丸められた柱状図」と「そのままの柱状図」を図 5.1.1 に示す。

不同沈下した現場の柱状図が図 5.1.1 であり、－ 2.9 m まで調査し、0.25 m ごとに 12 行で示されている。ここで最小 Na が「1」であり、自沈層（$Na = 0$）はない。告示に記載されている自沈層がないため、「地盤補強しなくて良い」と直接基礎で施工して不同沈下している。

72　　Ⅱ部　敷地・地盤の調査・評価方法

荷重 Wsw kN	半回転数 Na	貫入深さ D m	貫入量 L cm	1m 当たりの半回転数 Nsw	記事 音・感触	記事 貫入状況	推定柱状図	荷重 Wsw kN 0.25 0.50 0.75	貫入量 1m 当たり半回転数 Nsw 50 100 200	換算 N 値 N	換算 qa kN/m³	
1.00	2.0	0.25	25	8			砂質土			3.4	35.1	
1.00	42.0	0.50	25	168	ジャリジャリ		砂質土			11.4	137.5	
1.00	11.0	0.75	25	44			粘性土			5.2	58.2	
1.00	23.0	1.00	25	92			粘性土			7.6	88.9	—1m
1.00	18.0	1.25	25	72			粘性土			6.6	76.1	
1.00	10.0	1.50	25	40			粘性土			5.0	55.6	
1.00	3.0	1.75	25	12			粘性土			3.6	37.7	
1.00	3.0	2.00	25	12			粘性土			3.6	37.7	—2m
1.00	6.0	2.25	25	24			粘性土			4.2	45.4	
1.00	1.0	2.50	25	4			砂質土			3.2	32.6	
1.00	35.0	2.75	25	140	ガリガリ		粘性土			10.0	119.6	
1.00	12.0	2.90	15	80		擁壁底版				7.0	81.2	—2.9m

図 5.1.1　通常の丸められた柱状図

貫入深さ D [m]	荷重 Wsw [kN]	荷重 Wsw [kgf]	半回転数 Na	1mあたり半回転数 Nsw	土質	換算 N値	観察	
0.22	0.05	5	自沈	0	粘性土	0.1	ハヤイ	
0.23	0.50	50	自沈	0	粘性土	1.5	オソイ	
0.24	0.75	75	自沈	0	粘性土	2.2	オソイ	
0.25	1.00	100	0	0	粘性土	3.0		
0.42	1.00	100	17	100	粘性土	8.0		
0.42	1.00	100	15	15000	粘性土	753.0		
0.42	1.00	100	0	250	粘性土	15.5	打撃 03 回	
0.50	1.00	100	6	75	砂質土	7.0	ガリガリ	
0.75	1.00	100	12	48	粘性土	5.4		
1.00	1.00	100	6	24	粘性土	4.2		—1m
1.03	1.00	100	0	0	粘性土	3.0		
1.07	1.00	100	自沈	0	粘性土	3.0		
1.12	1.00	100	0	0	粘性土	3.0		
1.18	1.00	100	0	0	粘性土	3.0		
1.23	0.75	75	自沈	0	粘性土	2.2		
1.24	1.00	100	自沈	0	粘性土	3.0	オソイ	
1.25	1.00	100	0	0	粘性土	3.0		
1.25	1.00	100	自沈	0	粘性土	3.0		
1.29	1.00	100	自沈	0	粘性土	3.0		
1.39	1.00	100	1	10	粘性土	3.5		
1.40	1.00	100	自沈	0	粘性土	3.0	オソイ	
1.46	1.00	100	1	16	粘性土	3.8		
1.48	1.00	100	自沈	0	粘性土	3.0	オソイ	
1.50	1.00	100	0	0	粘性土	3.0		
1.61	1.00	100	2	18	粘性土	3.9		
1.68	1.00	100	自沈	0	粘性土	3.0		
1.75	1.00	100	0	0	粘性土	3.0		
1.77	1.00	100	0	0	粘性土	3.0		
1.83	1.00	100	自沈	0	粘性土	3.0	ハヤイ	
1.85	0.75	75	自沈	0	粘性土	2.2	ハヤイ	
1.86	1.00	100	自沈	0	粘性土	3.0		
1.86	1.00	100	15	15000	粘性土	753.0		
1.88	1.00	100	0	250	粘性土	15.5	打撃 03 回	
1.91	1.00	100	1	33	粘性土	4.6		
1.92	1.00	100	自沈	0	粘性土	3.0	オソイ	
2.00	1.00	100	2	25	砂質土	3.6	ガリガリ	—2m
2.06	1.00	100	1	16	粘性土	3.8		
2.10	1.00	100	自沈	0	粘性土	3.0	オソイ	
2.12	1.00	100	0	0	粘性土	3.0		
2.13	1.00	100	自沈	0	粘性土	3.0	オソイ	

貫入深さ D [m]	荷重 Wsw [kN]	荷重 Wsw [kgf]	半回転数 Na	1mあたり半回転数 Nsw	土質	換算 N値	観察	
2.25	1.00	100	2	16	粘性土	3.8		
2.27	1.00	100	0	0	粘性土	3.0		
2.30	1.00	100	自沈	0	粘性土	3.0	オソイ	
2.35	1.00	100	1	20	粘性土	4.0		
2.37	1.00	100	自沈	0	粘性土	3.0	オソイ	
2.50	1.00	100	1	7	粘性土	3.3		
2.75	1.00	100	15	60	粘性土	6.0		
3.00	1.00	100	9	36	粘性土	4.8		
3.08	1.00	100	1	12	粘性土	3.6		
3.08	1.00	100	9	9000	粘性土	453.0	空転	
3.09	1.00	100	0	250	粘性土	15.5	打撃 06 回	
3.10	1.00	100	3	300	粘性土	18.0		—3.1m

□ : 自沈層

図 5.1.2　丸める前の生データ柱状図

不同沈下原因を探るため、丸め前の生データを取り寄せた（図5.1.2）。生データでは52行、かつ自沈層を記録していた。

丸め柱状図、生データ柱状図を並べて図5.1.3に示す。

調査深度−2.9mのうち約0.8mあった自沈層厚さが、丸められて全て消えた柱状図となっていた。丸めは0.25mごとの多数決で表記されるため、多数決で敗れて表記されなかった自沈層が「チリも積もれば山となる」のたとえの通り0.8m隠されていた。このため、それほど悪い地盤と考えなかったことが事故の原因である。

この事故以来、筆者は「$N_{sw} = 4$までは自沈層」と判断している。

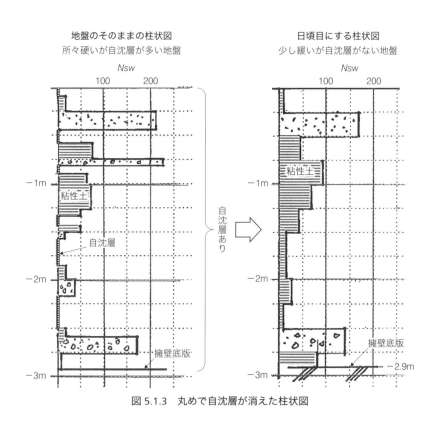

図5.1.3　丸めで自沈層が消えた柱状図

3）土質の把握が難しい

　初期は手回し試験であり、ハンドルから手に伝わってくる感触、ロッドの隙間から聞こえてくる音等から土質、土中の石の形状、障害物の種類等を推測できた。その後、全自動試験機になり、それらは薄れた。

　しかし、告示で示された支持力度式は土質に無関係であり、柱状改良、小口径鋼管杭等の地盤補強の設計時のみ土質が必要である。

　このため、単なる「粘性土」「砂質土」の土質把握に注力するより、0.5 kN以下の自沈層の土を採取（p.18写真1.2.4）し、腐植土、産廃土であるか否か、セメント系固化材で固化を確認する方が不同沈下事故を防止できる。

4）貫入力が小さい

　地中に石のようなもの、あるいは硬い層があれば、それより深くは貫入できない。

　貫入できなかった深さを支持層として杭長を設計し、施工時点で杭が想定支持層を容易に貫通して、より長い杭を施工した例は多い（図5.1.4）。

5）SWS試験の調査費用が安すぎる

　SWS試験が使われ始めてから40余年経過しているが、汗を流して試験をしている側の対価は2〜3万円/宅地がある。

　また各社の地盤調査報告書の中には、きれいな冊子にしているものの、宅地自体の沈下は盛土の収縮であり、新設した擁壁の背面土で顕著であるにもかかわらず、盛土の有無、経過年数、厚さ等に注目していない（p.66図4.1.1、p.68図4.2.4参照）。

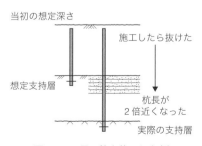

図 5.1.4　長い杭を施工した例

　住宅の安全は地盤であり、その地盤の形態を保持しているのは擁壁であることを認識し、地盤調査報告書に反映してほしい。

　地盤に問題がある宅地ではすでに症状が出ており、その症状を見つけるのも地盤調査である。宅地で「試験機を設置してスイッチ

ON。後は所定のチェック欄に☑を入れているだけ」の調査は、単に試験機を稼働させているだけで、これでは不同沈下は防止できない。

　水溜まり（沈下、透水不良）、地割れ（沈下）、倒れ（沈下、背面からの押し）……、これらは宅地の訴えである。周囲を見渡して、この訴えと機械調査の内容を合わせることで不同沈下防止精度が高まる。これができる調査には相応の対価を支払う、このような地盤調査体制に変わってほしい。

5.2　地層の判別ができるが高くつく「標準貫入試験」

　写真5.2.1は日頃から見かける作業で、"ボーリング"と呼ばれている。この地盤調査は、次のように作業している。

○まず先端に硬いメタルが埋め込まれた筒に水を注ぎながら回転させて、硬い地盤、岩、コンクリートを深部まで削孔する（穴を開ける）。
○次に削孔した穴の底に標準貫入試験用サンプラーを落とし込み、63.5kgのドライブハンマー（通称：モンケン）を自由落下させ、30cm打ち込みに要した回数を計る。この回数がN値である（図5.2.1）。
○打ち込み後、サンプラーを引き上げて中に詰まった土を採取する（写真5.2.2）。
○これを1m程度ごとに繰り返して深部まで試験し、柱状図にまとめている（図5.2.2）。

　関東大震災の後、日本に当該機械が入った時、STANDARDと印字された機械を「標準」と勘違いしたとか、テルツアギー氏がそれまでの様々な試験方法を「標準化」し

写真5.2.1　標準貫入試験

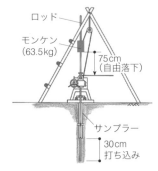

図5.2.1　標準貫入試験

76　　II部　敷地・地盤の調査・評価方法

たとか言われており、わが国で最も信頼されている地盤の試験方法である。

しかし、25万円/ヶ所以上の費用がかかり、新築住宅の不同沈下判断には実施しづらい。作業者2名の全く無駄のない動きは

写真 5.2.2　採取できた土試料

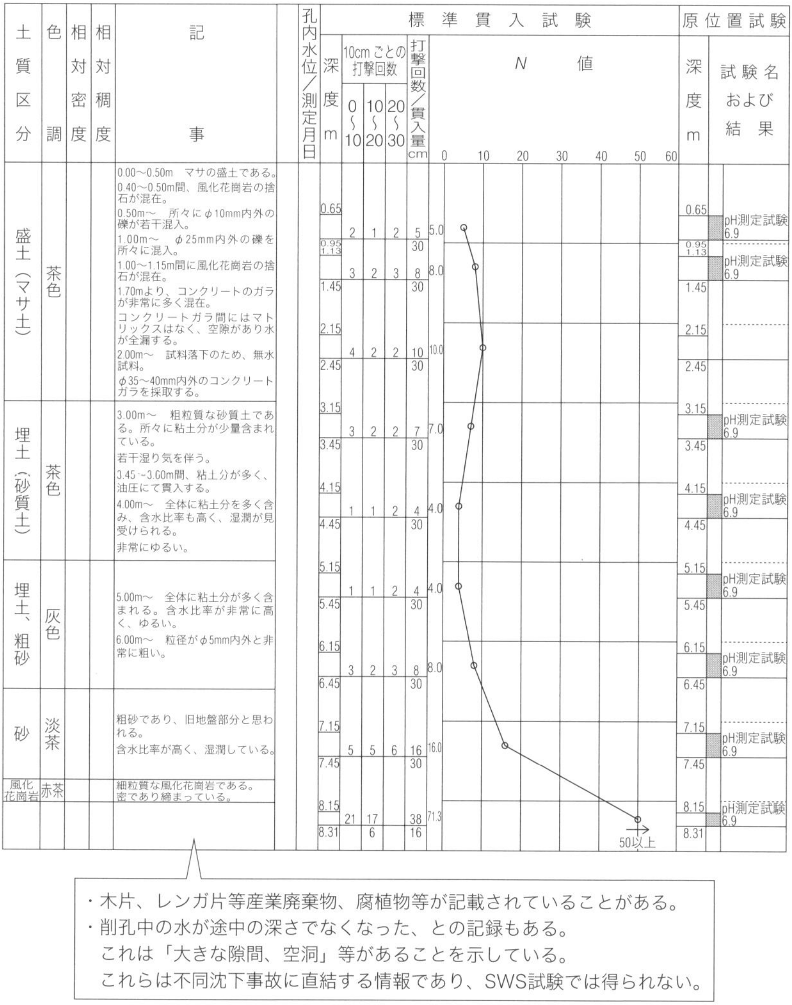

土質区分	色調	相対密度	相対稠度	記事	孔内水位/測定月日 深度m	標準貫入試験 10cmごとの打撃回数 0〜10 / 10〜20 / 20〜30	打撃回数/貫入量 cm	N値 0 10 20 30 40 50 60	原位置試験 深度m	試験名および結果
盛土（マサ土）	茶色			0.00〜0.50m マサの盛土である。0.40〜0.50m間、風化花崗岩の捨石が混在。0.50m〜 所々にφ10mm内外の礫が若干混入。1.00m〜 φ25mm内外の礫を所々に混入。1.00〜1.15m間に風化花崗岩の捨石が混在。1.70mより、コンクリートのガラが非常に多く混在。コンクリートガラ間にはマトリックスはなく、空隙があり水が全濁する。2.00m〜 試料落下のため、無水試料。φ35〜40mm内外のコンクリートガラを採取する。	0.65 0.95 1.13 1.45 2.15 2.45	2 1 2 3 2 3 4 2 2	5/30 8/30 10/30	5.0 8.0 10.0	0.65 0.95 1.13 1.45 2.15 2.45	pH測定試験 6.9 pH測定試験 6.9
埋土（砂質土）	茶色			3.00m〜 粗粒質な砂質土である。所々に粘土分が少量含まれている。若干湿り気を伴う。3.45〜3.60m間、粘土分が多く、油圧にて貫入する。4.00m〜 全体に粘土分を多く含み、含水比率も高く、湿潤が見受けられる。非常にゆるい。	3.15 3.45 4.15 4.45	3 2 2 1 1 2	7/30 4/30	7.0 4.0	3.15 3.45 4.15 4.45	pH測定試験 6.9 pH測定試験 6.9
埋土、粗砂	灰色			5.00m〜 全体に粘土分が多く含まれる。含水比率が非常に高く、ゆるい。6.00m〜 粒径がφ5mm内外と非常に粗い。	5.15 5.45 6.15 6.45	1 1 2 3 2 3	4/30 8/30	4.0 8.0	5.15 5.45 6.15 6.45	pH測定試験 6.9 pH測定試験 6.9
砂	淡茶			粗砂であり、旧地盤部分と思われる。含水比率が高く、湿潤している。	7.15 7.45	5 5 6	16/30	16.0	7.15 7.45	pH測定試験 6.9
風化花崗岩	赤茶			細粒質な風化花崗岩である。密であり締まっている。	8.15 8.31	21 17 38 / 6 16	71.3 50以上		8.15 8.31	pH測定試験 6.9

・木片、レンガ片等産業廃棄物、腐植物等が記載されていることがある。
・削孔中の水が途中の深さでなくなった、との記録もある。
　これは「大きな隙間、空洞」等があることを示している。
　これらは不同沈下事故に直結する情報であり、SWS試験では得られない。

図 5.2.2　柱状図例

5章　地盤調査　77

表 5.2.1　ボーリング、標準貫入試験の特徴

長　所	・地盤が硬くても障害物があっても、深くまで試験できる ・地中の土を採取でき、目視判断とともに室内試験で詳しく土質を把握できる ・使用実績が多く信頼性が高く、様々な研究がなされている
短　所	・狭い所では試験できない（4 m × 4 m、上空 4 m の空間が必要） ・試験機材が重い。車が入らない場所は分解して担いで搬入 ・専門会社しか調査できない ・近年は予約後 2 ヶ月待ち ・調査費用が高い（25 〜 30 万円 / ヶ所）

見事であり、いつも見とれている。

　柱状図の N 値を真っ先に見る住宅関係者が多いが、N 値以上に大事なことは、柱状図の中の「記事欄」である。記事欄に記載されている土の状態で地盤補強方針が決まり、詳細設計の段階で N 値が必要になる。

　この試験方法の特徴を表 5.2.1 に示す。

　信頼性が大きい試験方法であるが、表 5.2.1 の短所により、新築住宅の不同沈下有無の試験には適さない。

5.3　貫入能力に優れる「ラムサウンディング試験」

　新築時の地盤調査の目的は「不同沈下するか否か」と、不同沈下の可能性がある場合は「不同沈下防止工法を選択する」ことである。

　多くの不同沈下は宅地内の地盤が「不同」収縮することによって生じており（p.28 図 1.4.7、p.30 図 1.5.3）、地盤の「同」「不同」を判断するためには数ヶ所調査が必要であり、SWS 試験は適している。

　しかし、SWS 試験は貫入力が小さく、土中に硬い層、あるいは石等があれば、以深に貫入できず（p.75 図 5.1.4）、その深さを支持層と勘違いして大事故に至ることがある。このような時、少々硬く、石が有っても貫入できるラムサウンディングが用いられている。試験機を写真 5.3.1、試験装置の概要を図 5.3.1、試験結果の柱状図を図 5.3.2 に示す。

　ラムサウンディング試験でロッドを 20 cm 貫入させるために要した落下回数（N_d）は、$N_d ≒ N$（標準貫入試験の N 値）と言われており、杭の先

端支持力設計に使える。住宅の場合、初めからラムサウンディングを実施することは少なく、SWS試験で貫入できなかった場合の追加試験、あるいは小口径鋼管杭を用いる場合の確実な支持層確認に用いることが多い。

写真 5.3.1　ラムサウンディング試験機
(提供：野澤直樹氏)

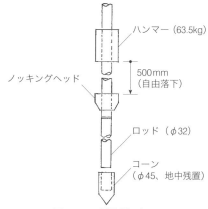

図 5.3.1　試験機の概要

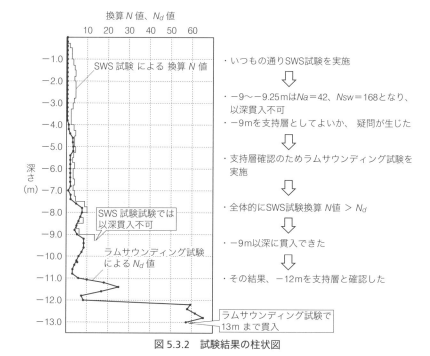

図 5.3.2　試験結果の柱状図

5章　地盤調査　79

5.4 地盤支持力度を直接評価する「平板載荷試験」

　宅地地盤に直接荷重をかけて、荷重段階ごとの沈下量を測定することにより、地盤の極限支持力度、降伏支持力度、許容支持力度を把握するのが平板載荷試験である。宅地での平板載荷試験は次の2通りで実施されている。

1) 宅地地盤の支持力度（q_a）を把握するため
- 載荷板は直径 0.3 m の円盤（面積≒0.07 m²）を用いることが多い。
- 住宅の設計接地圧は 20 kN/m² が多いことから、少なくとも 60 kN/m² 以上の載荷が必要である。
- 上記 2 点から載荷板への載荷荷重は少なくとも 4.2 kN 必要である。
- 載荷重のための反力としてバックホウ等の重機を用いることが多い（重機自重の 1/2 までは反力として試験できる）。

　試験概要を図 5.4.1、写真 5.4.1、試験結果（荷重・沈下量）を図 5.4.2 に示す。

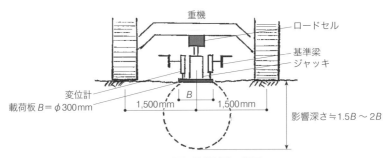

図 5.4.1　平板載荷試験の概要

写真 5.4.1　べた基礎耐圧版を反力とした平板載荷試験

平板載荷試験による載荷荷重は、載荷板直径の1.5〜2倍程度までしか及ばない（図5.4.1）。これでは基礎底板下0.6m程度までの地盤の支持力度の把握であり、住宅が不同沈下するか、しないかの判断には役立たない。

2) 土中にある杭、柱状改良体等の地盤補強体の支持力を把握するため

地盤補強体頭部に載荷し、荷重段階ごとの沈下量を測定することにより、極限支持力度、降伏支持力度、許容支持力度を把握できる。

・地盤補強体の許容支持力 R_a は50kNが多い。このことから少なくとも150kN以上載荷しなければならない。

・150kNの反力は重機自重では不足であり、クレーンを常駐させて反力杭、反力梁を設けるかなり大がかりな試験となる。柱状改良体へ500kN載荷試験の様子を写真5.4.2、試験概要を図5.4.3に示す。

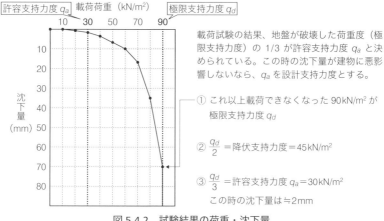

図5.4.2　試験結果の荷重・沈下量

写真5.4.2　柱状改良体への平板載荷試験の様子

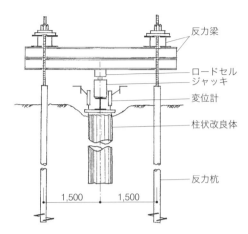

図 5.4.3　柱状改良体への平板載荷試験の概要

5.5　地盤に穴を開けずに調査できる「表面波探査」

　先に述べた試験では、いずれも地表面に穴を開ける。しかし、タイル、レンガ仕上げのアプローチ、手入れされた庭園など、安易に穴を開けられない場所がある（写真 5.5.1）。そのような時、起振機で地表面を振動させ、その振動（正式には表面波）を 2 つの検出器でとらえ、そのデータで地盤の硬さ、地層の境界、異物埋設物の有無、空洞の有無等を知ることができる表面波探査は便利である。人間で言うなら「X 線撮影」である。

　2 つの検出器で得たデータは N 値にも換算できるようである。筆者は「ここらあたりに何かがある。しかし、現在のものを安易に壊して調べる

写真 5.5.1　寺院の庭
雑草 1 本にも存在の意味がある

写真 5.5.2　表面波探査のデモ
2 本の検出器の間の地盤を把握できる

わけにはいかない」と思う時に利用している。その後、土地所有者に事情を説明して、最小限の範囲を掘削しており、表面波探査は大変有効な試験である。

写真 5.5.2 は当試験機の操作、特徴を大勢で受講中の様子である。

5.6 土の力学的性質を調査する「土質試験」

土質試験の専門文献は多いが、その中で『地盤調査　基本と手引き』[文28]『地盤材料試験の方法と解説』[文29] をそばに置いている。この中から住宅地盤に関する日常業務の中で身近な土質試験だけを採り上げて説明する。

しかしながら土質試験は日本産業規格 JIS の専門的な用語で、専用器材、精密な計量器を用いて行うことが厳密に定められており、そのことを本書で述べることに違和感を覚える。よって土質試験についてさらに詳しく知りたい時は、前記参考文献[文28、29] を熟読して理解していただくとして、日常業務の中で比較的身近な次の用語の意味の概要を述べる。

(1) 土の重さを知っておくことは大前提

「土 1 m³ の重さはいくらですか？」。勉強会で筆者は必ず受講者に問う。しかし、正解は稀である。地盤を考える時、土の重さを知っておくことは大前提である。文献には次の通り記載されている。

1) 指針[文2]

ここでは湿潤密度として記載されている（指針 p.52 表 3.3.4、本書表 5.6.1）。

2) 宅地造成規制法施行令別表第 2

擁壁の背面土が盛土の場合の土圧計算に用いる単位体積重量が次の通り

表 5.6.1　土の湿潤密度（g/cm³）の目安

	沖積層				洪積層			
	砂質土	シルト	粘性土	腐植土	砂質土	シルト	粘性土	ローム
湿潤密度	1.8	1.5	1.5	1.0	1.9	1.7	1.6	1.4

5 章　地盤調査　83

示されている。
- 砂利又は砂の場合：1.8 t/m³
- 砂質土の場合　　：1.7 t/m³
- シルト、粘土又はそれらを多量に含む土の場合：1.6 t/m³

この単位体積重量は盛土を相当締め固めた場合である。締め固めが不十分であれば背面土に雨水が浸透して地盤が沈下し、さらに L 型擁壁であれば底板下に水が浸入することにより、摩擦係数（$\mu = \tan \phi^*$）が小さくなり、滑動（滑り出し）の可能性が大きくなる（図 5.6.1）。

（2）含水比は土粒子と水の重さの比であり、圧密沈下の素因

前述のように、土は土粒子、水、空気でできている。空気は質量（以下、重さ）＝ 0 であるから、土（土塊）の重さは土粒子と水の重さであり、水の重さ（W_w）と土粒子の重さ（W_s）の比を含水比 w と言う。

$$w = \frac{W_w}{W_s} \times 100 \quad (\%)$$

図 5.6.1　土圧に抵抗する擁壁底板の摩擦

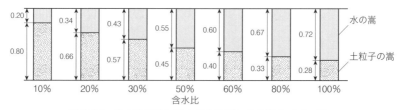

図 5.6.2　含水比の違いによる土粒子と水の嵩のイメージ
（ただし、土粒子の比重を 2.5 とした場合）

* ϕ：内部摩擦角、p.86 参照。

含水比は重さの比であり、土粒子の比重が2.5～2.7であるのに対して、水の比重は1である。重さ比の含水比を嵩の比と考え図5.6.2に示す。
- 含水比30%（一般的な硬さ）の土は、嵩の約43%が水である
- 含水比100%（関東ローム80～150%）の土は、嵩の約70%が水である

水が多いほど軟らかい土であり、載荷（多くは盛土荷重）により水が排出され地盤が圧密沈下している。

(3) 小麦粉からうどんを作っている、これが粘着力 c

土には一塊になろうとする凝集力があり、粘土地盤の凝集力を粘着力cと言う。粘土、シルトは土粒子径が小さく（p.25図1.4.3参照）、乾燥させると小麦粉に似た状態になり、指で押さえると抵抗せず逃げる（図5.6.3）。これに少し水を注ぐと小さな土粒子が水で繋がり指に粘り着く（p.35図1.6.1、図5.6.4）。これは小麦粉に少し水を加えてうどんにすることを連想すれば良い。

この時の土粒子同士が粘り着く力が粘着力cである。粘性土地盤の極限支持力度q_dは、粘り着いた土粒子同士が離れる時（ガクッと壊れる時）の荷重度である。粘着力cは杭の周面にも作用し、杭の沈下を阻止している（図5.6.5）。

図5.6.3 乾燥した粘土は小麦粉のよう

図5.6.4 加水すると粘りつく

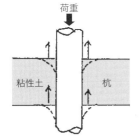

- 荷重がかかる
- 杭が押し込まれる
- 杭周囲の粘土層が点線のように引きずりこまれる
- 引きずりこまれた粘土層は元に戻ろうとする
- 戻ろうとする力は上向き
- 杭の周面摩擦による支持力となる

図5.6.5 杭の沈下を止める

SWS試験結果から粘着力 c を求めるのは次式とされている。

$c = \dfrac{q_u}{2}$ [*1]　　ここで $q_u = 45 \times Wsw + 0.75 \times Nsw$　（kN/m²）

∴ $c = 22.5 \times Wsw + 0.375 \times Nsw$　（kN/m²）

（4）砂は粒同士のかみ合わせで固まる、これが内部摩擦角 ϕ

粒径が大きい砂の場合、水の力ではくっつかず、土粒子同士の形のかみ合わせによるせん断力を超えない角度で形となる。このせん断力を角度で表したのが内部摩擦角 ϕ である（図 5.6.6）。

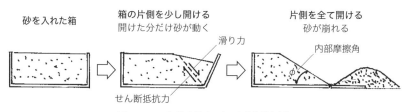

図 5.6.6　内部摩擦角（せん断抵抗力）

内部摩擦角 ϕ は次式で求める。

・$\phi = \sqrt{15 \times N} + 15$　　（国交省）
・$\phi = \sqrt{20 \times N} + 15$　　（建築学会、大崎の式[*2]）
・$\phi = 4.8 \log N + 21$　　（道路、鉄道）

「＋15、＋21」であるから、ある程度締固めされた砂質地盤において適用できる、と考えている。せん断抵抗であるから、少し湿っていたり、角ばっている砂（上流の砂）の場合は内部摩擦角が大きく、乾燥していたり、丸みがある砂（下流の砂）の場合は小さい[文30]。

粘性土地盤の場合、土粒子間に水があり、荷重がかかるとその水が押し出されて変形する。これに対して砂質地盤の場合、水が少ないので荷重による変形が少ない。このことから、基礎と接する地盤や杭の先端地盤は砂、砂礫が好ましいと言われている。

[*1]　一軸圧縮強度 q_u：地中から取り出した側圧のない状態での土の圧縮強度
[*2]　p.17 の脚注参照。

(5) 安息角

　内部摩擦角に似た言葉に安息角がある。内部摩擦角が砂質土限定の強度（角度）であるのに対して、安息角は土質を問わず、土が崩れず安定している斜面の角度（図 5.6.7）である。宅造規制法施行令別表第 1 では擁壁を必要としない角度（安息角）として次の通り定めている（p.41 表 2.2.1 参照）。

- ・軟岩：60°
- ・風化が著しい岩：40°
- ・砂利、真砂土、関東ローム他
  これに類するもの：35°

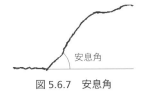

図 5.6.7　安息角

(6) 改良土の一軸圧縮強度

　円柱形に成型した土（試験体）に荷重をかけ、荷重ごとのひずみと、円柱体が破壊した時の荷重を計測する。これが一軸圧縮試験であり、破壊したときの荷重を円柱体の面積で除した値が一軸圧縮強度（kN/m²）である。

　住宅関係では、セメント系固化材による改良土を現場でモールド缶に詰め、材齢経過後に一軸圧縮試験が行われている。

　一軸圧縮試験の様子、試験結果を写真 5.6.1、図 5.6.8 に示す。

写真 5.6.1　改良土の一軸圧縮試験

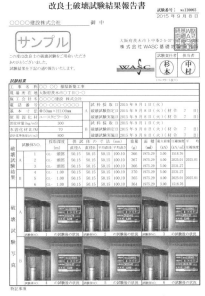

図 5.6.8　一軸圧縮試験報告書例

5 章　地盤調査　｜　87

5.7 現場の過去と周囲を見る、これで減災を図ろう

大規模建築物の地盤補強は、地震、豪雨等を考慮した工法の概要が決まっており、詳細設計のためボーリング、標準貫入試験を行っている。

これに対して住宅は「平時に不同沈下するか」だけを目的とした地盤調査であり、豪雨や地震を想定していない。我々は40数年間、SWS試験機で地盤調査を行ってきたが、この地盤調査は、その場所の、その時の地盤の強さを把握しているだけであり、その後の豪雨、地震は考慮していない。

20〜30年前までは、これで良かったが、近年は自然災害が頻発し、多くの住宅が被災しており、このままの地盤調査で良いはずがない。

このことから、今後の住宅の地盤調査に次のことを追加することを勧める。

"豪雨、地震等において大きく被災するか、しないか"

そのためには「その宅地の履歴＋現在の変状」の把握が必須であり、機械調査だけでなく「資料調査」と「踏査」を入念に行うべきである。

住宅の地盤調査での調査項目を図5.7.1に示す。

住宅の地盤調査
- ①資料調査：過去を知ることによって将来の沈下変形を予測できる
  - 旧版地図で以前の用途を把握できる
  - 地形図で旧版地図との違い、直近の用途を把握できる
  - 地形図で近くに神社の有無と高低差を把握
  - 造成計画平面図で切土、盛土を把握できる
  - 地名で「昔からの警告」を把握できる
  - 災害履歴、自然災害伝承碑で以前の被災を把握できる

- ②踏査：すでに発生している地盤の沈下変形を知ることができる
  - 宅地内の水溜まりの有無
  - 宅地前の側溝に水溜まりの有無
  - 宅地を囲む擁壁・石垣の「勾配」「割れ」「膨らみ」「抜け石」等の有無
  - 近隣の電柱の傾きの有無
  - 前面道路表面の割れ（アスファルトの割れ）の有無
  - 近くの川と宅地の高低差（国土地理院 GSI から読み取る）
  - 宅地を囲む隣地との標高と高低差と用途

- ③機械調査：地盤の現在の支持力度を知り、現時点での建物の不同沈下を防止できる
  - SWS 試験で q_a（支持力度）を把握できる
  - その他、標準貫入試験、稀に平板載荷試験

図 5.7.1　住宅における地盤調査項目

図 5.7.1 で示した調査項目のうち、①、③は先に述べたので、ここでは②踏査について述べる。

(1) 神社、祠は津波被災からかろうじて免れていた

先人は、水害、土砂崩れ等で被災した場所を避けて住んできた。このことから古くからの建物が多い集落、住宅地は比較的安全な場所と言える。

古くからの建物と言えば寺、神社、祠だ。東日本大震災の津波被災地でかろうじて被災を免れた神社、祠を多く見かけたが（写真 5.7.1）、寺は見かけなかった。住む人と日常から接している寺は集落の中にあった。それに比べて神社、祠は見上げる高さに建立されていたため津波を免れた。津浪、洪水は標高が高いほど安全であり避難先に適する。このことから神社境内、祠と宅地の標高差が少ないほど安全と言える。

(2) 周辺道路の傾斜

住宅の不同沈下原因で最も多いのは「宅地自体の沈下変形」であり（p.23 図 1.3.6）、盛土された宅地で多く発生し、雨水浸透によって体積が減少し、盛土厚さの違いにより体積減少量が異なることはすでに述べた。

言い換えれば、道路が平坦であれば盛土厚さはほぼ同じであり、道路が傾斜しておれば、宅地内の盛土厚さが異なる。すなわち、周辺の道路が傾

写真 5.7.1　かろうじて全壊を免れた加茂神社（気仙沼市）

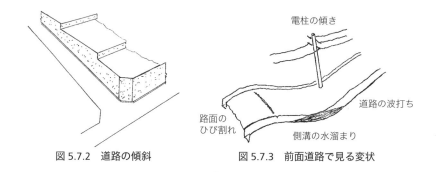

図 5.7.2　道路の傾斜　　　　図 5.7.3　前面道路で見る変状

斜している場所で不同沈下事故が発生しやすい。このことから、宅地の前面道路及び周辺道路の傾斜（図 5.7.2）を確認すべきである。

(3) 前面道路を見る

①表面のアスファルトに割れがあるか（これは傾斜地の宅地に多い）
　　割れがあれば、割れの左右のいずれかが沈下、滑動している証。
②道路に波打ち、たわみがあれば、凹部が沈下している証（図 5.7.3）
③電柱が傾いていないか（これは平坦地の宅地に多い）
　　傾いていれば地盤がかなり軟らかい証（図 5.7.3）。
④側溝に水が溜まっていないか（これは平坦地の宅地に多い）
　　水が溜まっている場所が沈下している証（図 5.7.3）。豪雨の時には、周囲から水が集まり浸水の可能性が大きい。

(4) 川や池に隣接していないか

　川は本来真っすぐでなく、低い場所を探して水が流れた跡であり、その途中にあった窪地を堰き止めて水を溜めたのが池である。これを人々が利便性を高めるため整備、整形したのが今の姿。隣地が川や池であれば、宅地の一画に川や池が埋まっている。
　このような宅地は平時の不同沈下だけでなく、豪雨時には境界の石垣、擁壁が崩れやすく、地震時には液状化により被災しやすい（図 5.7.4）。
　以前の川や池の位置、大きさは旧版地図で簡単に把握できる。

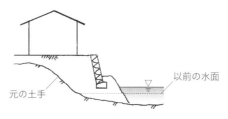

図 5.7.4　隣地の川や池は宅地の下にもある

(5) 向こう三軒両隣を見る

すでに建っている住宅は実大載荷試験中と思えば良い。外壁の割れ、ブロック塀の傾き、沈下等があれば、同じことが生じる可能性が大きい。

(6) 宅地を囲む擁壁、石垣を見る

①天端が水平か、たわんでいないか（写真5.7.2）

中央が沈下しているのは「全体的に軟らかい地盤」に多い。

②勾配（図5.7.5）は妥当か

③割れや合端の開きやずれがないか

ある場合は縦割れか、横割れかを記録する。縦割れはある程度やむを得ないが、横割れは地盤補強工事中、あるいは豪雨、地震時に崩壊する可能性がある（図5.7.6）。合端の開きは積石がすでにずれている証。

写真 5.7.2　中央が沈下した間知ブロック擁壁

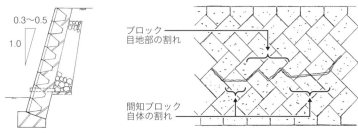

図 5.7.5　間知ブロック擁壁の勾配　　図 5.7.6　間知ブロック擁壁の横割れ

(7) 宅地の中を見る

① 地割れ（写真 5.7.3）があれば地割れの左右いずれかが沈下している

自然地盤と盛土との境目に生じることが多い（p.68 図 4.2.4 B 宅地参照）。

② 宅地に雑草が生えているか

生えていなければ有害物質が含まれている地盤の可能性がある。このような地盤では植木や芝が育たない。さらにコンクリートが異常に劣化したこともある。以前工場があった場所では、長年の間に有害物質が地中に染み込んでいる可能性があり、土を採取して成分分析することを勧める。

③ ある 1 ヶ所が窪んでいないか

窪んでいたら、そこの場所は隙間が多い地盤。土中に産廃、解体ガラ、木材等が埋まっている可能性がある（図 5.7.7）。

写真 5.7.3　宅地の地割れ

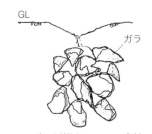

図 5.7.7　ガラが埋まっている宅地の断面

6章 地盤調査結果の評価

6.1 評価は「点」でなく「断面」で行う

　SWS試験を始めるきっかけが不同沈下事故であり、事故建物の修復に携わっている中で、周囲の地盤の傾斜と同じ方向に不同沈下していることに気がついていた。このことから、1976年から実施したSWS試験では、周囲の地盤の傾斜と同じ方向で2ヶ所を調査した。

　しかし、新しい造成地には切盛宅地があることを知り、盛土厚さの違いを知るため周囲の地盤の傾斜方向で3ヶ所調査とした。このような経緯を経て、建物4隅と中央の5ヶ所調査となった。5ヶ所調査すれば周囲の地盤の傾斜方向を考えるまでもなく、間違いがないからである。

　このようにほぼ初めから「支持力度算定は二の次」と考え、SWS試験の結果から地盤推定断面図（地盤の変化、盛土の厚さ、盛土の硬さ、緩さ等）を作成し、その断面図から不同沈下の有無を判断した。これを図6.1.1に示す。

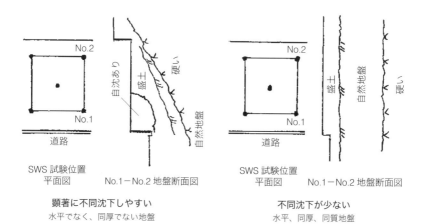

図 6.1.1　地盤推定断面で不同沈下判断ができる

6.2 「水平、同厚、同質盛土」、これで不同沈下は防げる

　若いころ「法隆寺は1mmも不同沈下していない」と聞き、非常に興味がわいた。調べるうちに、建物は版築という工法で固められた地盤が支えていることを知った[文31〜34]。深くまで掘り、その土を薄く撒きだし、その土を多くの人が足踏みと突き棒で固め、これを繰り返したのが版築とのことであったが、薄く撒きだした土を徹底的に転圧すれば硬くなり不同沈下を防げる、これは若い筆者にとって大きな収穫であった。版築工法で造られた建物下の地盤を見ることはできないが、境内を囲む土塀で版築の跡が見える（写真6.2.1）。後で詳しく述べる。

　筆者は住宅の不同沈下に52年間関わってきた。この中で多くの現場で、多くのことを経験し、学ぶことができた。その1つが「不同沈下しにくい盛土の仕方」である。

　住宅新築には宅地が必要であり、宅地は盛土されているものが多い。その盛土体は雨水浸透により体積が減少し、それに追随して住宅が沈下し傾いている。

　不同沈下対策として様々な工法があるが、大事なことは「そこの地域で販売できる価格の宅地」に造成することと建物の不同沈下防止である。

　不同沈下対策工法は多いが、それらは単に建物を不同沈下防止できる工法であり、道路、側溝、宅地の庭、外部構造物に対しては無策である。それでありながら地盤補強費用は高額である。

　先に知った版築工法の良さを加味しつつ、一般的な地盤補強をしない盛土に挑戦し、不同沈下を防ぐことができた実施例を述べる。その考えかたの基本は「水平方向に同質な土質」である。

写真6.2.1　版築工法で造られた土塀
撒きだした土の層が見える

施工例1 3m盛土で10区画造成した住宅団地

経緯と概要は次の通りである。
- 鋼管杭を予定していたが、盛土下の自然地盤をSWS試験した結果、8m/本以上の杭が必要と判明。かなり高額で販売に支障が生じる。
- 建物の不同沈下を防止できても、抜け上がりが生じる。
- 住宅地内の道路と側溝が沈下し、既設側溝へ排水できなくなる。

これらを解決するため、「砕石（近くに砕石場あり）での盛土＋撒き出し厚さごとにポリエステル製格子状ジオテキスタイル*敷設」の盛土を実施した。

この盛土費用は、鋼管杭8m/本を10区画に打設するより安価であった。

造成完了 ➡ 分譲 ➡ 建築を経て、約5年間監視したが、建物、庭、道路とも全く問題は生じなかった。その経験から、不同沈下させない盛土は「水平、同厚、同質」と確信した。図6.2.1に示す。

格子状ジオテキスタイルを敷設することにより、引張力を持った盛土体となり、盛土自体の不同沈下を抑制できた。また敷設するため水平に盛土しなければならない。この2点が効果を発揮したものと考えた。

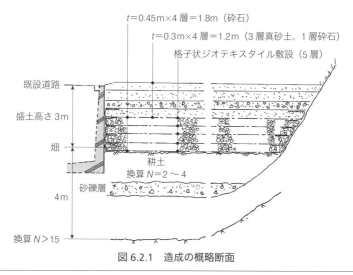

図6.2.1　造成の概略断面

* ポリエステル製格子状ジオテキスタイル：ポリエステル製の樹脂板を網状に成型したシート。

|施工例2| 平坦地に 1.5m 未満の盛土をした宅地

施工例1で自信がつき、道路側から奥へ奥へと、土質に拘らない盛土ではなく、「水平、同厚、同質盛土」をいくつも実施した（図6.2.2）。これらは何れも不同沈下しなかった。

①0.5kN 自沈層がある水田の場合は格子状ジオテキスタイルを敷設
②ダンプカーが運んできた砕石を降ろす
③宅地境界から少し下がった位置まで厚さ≒0.3mで砕石を敷き、水平管理をしながら振動ローラーで締め固める
④周辺の擁壁を施工する

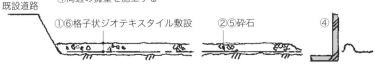

⑤擁壁のコンクリート硬化後、水平管理しながら2層目の土砂を撒き出し振動ローラーで締固め
⑥途中の層に格子状ジオテキスタイルを敷設し、砕石を撒きだす
⑦土砂を撒きだす

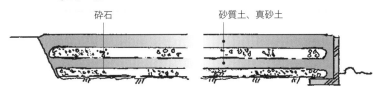

図 6.2.2　水平、等厚、同質盛土

施工例3 緩い傾斜地では深基礎と盛土が必要だが、自然地盤に手を加えて深基礎をなくし、盛土量も抑え、地盤補強もしなかった。

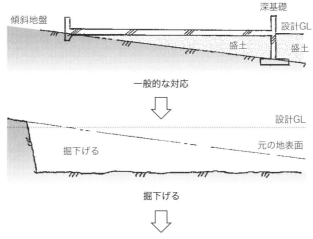

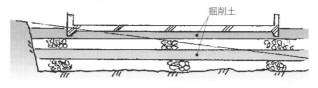

図 6.2.3　傾斜地での水平、同厚、同質の撒き出し盛土

まとめ

地盤は沈下するものと考え、同じ厚さ、同じ土質で水平に盛土し、締固めをすることによって、同じ沈下量の地盤にしようとする考え、これが「水平、同厚、同質盛土」である。

6.3 厄介な超軟弱地盤

(1) 人が多く集まっている沖積平野は軟らかい

我が国の国土面積の約 10%（≒ 3.8 万 kN²）に当たる沖積平野に人工の 51%、資産の 75% が集中していると言われている[文35]。山地で風化した土砂が下流に流れ、水中で堆積していたが海退と隆起によって地上に出てきた場所が沖積平野である。それゆえに沖積平野は細かい土粒子（粘性土、シルト）が厚く堆積しており、かつ水位が高いため地盤が軟らかい。

(2) 自沈だらけの、もの凄く軟らかい地盤がある

佐賀市、岡山市、岐阜県の一部地域の柱状図を図 6.3.1 に示す。

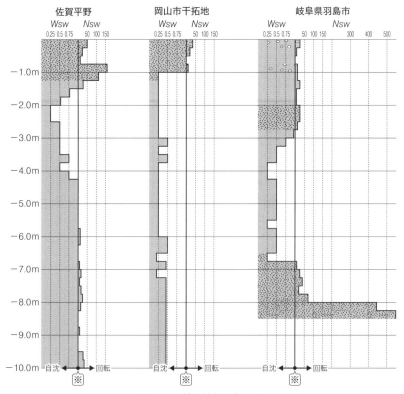

図 6.3.1　軟弱地盤の柱状図

SWS 試験の柱状図は載せた荷重（$Wsw = 0.25$、0.50、0.75、1.0 kN）と1m 当たりの半回転数（Nsw）で示す。図 6.3.1 で見れば※印より右が Nsw であり、右に行くほど（数値が大きくなるほど）硬い地盤である。

※印より左は回転せず自沈した時の Wsw であり、左に行くほど（数値が小さいほど）緩い地盤である（p.15 表 1.2.1 参照）。

1）佐賀平野の地盤の一例

地表面から － 1.5 m までは少し硬いが、以深 － 5.75 m まで 0.25 ～ 1.0 kN 自沈層が続き、－ 10 m でもまだ軟らかい。

2）岡山市干拓地の地盤の一例

地表面から － 1.0 m まではかろうじて回転層。－ 1.25 ～ － 10 m まで、0.25 ～ 0.5 kN の自沈層が続き、硬い層はもっと深い。

3）岐阜県羽島市の地盤

地表面から － 2.75 m まではかろうじて回転層。－ 2.75 ～ － 6.75 m まで 0.25 ～ 0.5 kN の自沈層が続く地盤。－ 8 m には硬い砂質地盤がある。

（3）軟らかい地盤へ盛土すると地盤全体が沈下する

SWS 試験における地盤の支持力度 q_a は告示第 1113 号（三）式、及び指針において次式が定められている。

$q_a = 30 + 0.6 \times \overline{Nsw}$ （kN/m²）（p.18 参照）　（告示（三）式）

$q_a = 30 \times Wsw + 0.64 \times \overline{Nsw}$ （kN/m²）　（学会推奨式）

告示（三）式は Wsw を考慮せず、指針は Wsw を考慮する算定式である。学会推奨式で、岡山市干拓地の支持力度を算定すると、次の通りとなる。

$q_a = 30 \times 0.25 + 0.64 \times 0$

$= 7.5 \, \text{kN/m}^2$

ここで盛土の単位体積重量を「17kN/m³」とした場合の盛土の限界高さ T は

$$T = \frac{7.5}{17} \qquad \therefore T < 0.44 \, \text{m}$$

しかしながら、既設道路との関係で、1m 弱の盛土が避けられず、造成宅地自体が沈下している（p.37 図 1.6.3 参照）。

ずいぶん前、「佐賀平野で盛土は 0.5 m まで」と聞いたことがある。

筆者は超軟弱地盤での多くの不同沈下事故経験から「0.5 kN 自沈層がある地盤に 1.5 m 以上盛土した場合、地盤が必ず沈下」することを学んだ。

いずれにしても 0.5 kN 自沈層がある地盤には、精々 0.5 m 程度の盛土までが限界、と知っておこう。

（4）盛土による沈下量の算定は簡単だが精度が悪い

圧密沈下量計算はボーリングで乱さない土を深部から採取して、その土試料を室内で試験して、その結果の数値を用いて算定するのが王道である。

そのためには多額の費用がかかるが、それでも試験結果通りの沈下量であることは稀である。さらに住宅では、盛土及び建築工事による沈下量算定に多額の費用をかけることができない。

指針 p.82 では圧密沈下量の算定式として次の 2 式が示されている。

$$S = \frac{C_c \cdot H}{1 + e_0} \log\left(1 + \frac{\varDelta\sigma}{P_c}\right) \text{式}$$

$$S = m_v \times \varDelta\sigma \times H \quad (\text{m})$$

この 2 式のうち上段の式は高額な試験費用が必要である。これに対して下段の式は m_v 式と呼ばれており、SWS 試験結果で大まかな沈下量を算定することができる。

よって m_v 式による沈下量算定を次に説明する。

$$S = m_v \times \varDelta\sigma \times H \quad (\text{m})$$

    ここで、S：圧密沈下量（m）

            m_v：体積圧縮指数（m²/kN）

            $\varDelta\sigma$：地中増加応力（kN/m²）

            H：圧密対象層 (m)

この式の筆者流の簡略な使いかたを次に述べる。

・圧密沈下の対象層　：0.75kN 自沈層程度以下と考える（指針 p.85）。

・圧密対象層厚 H　：自沈層の厚さとする。

・体積圧縮指数（m_v）：SWS 試験結果から換算し、表 6.3.1 とする。

表 6.3.1　SWS 試験から求めた m_v（$m_v = 1/(80・c)$）[文36] の場合）

> 沈下量 $S = m_v \times H \times (T \times 17)$
> ここで　m_v : 0.75 kN 自沈層なら $m_v = 0.00074$
> 　　　　　: 0.50 kN 自沈層なら $m_v = 0.0011$
> 　　　　　: 0.25 kN 自沈層なら $m_v = 0.0022$

・地中増加応力（$\triangle \sigma$）：盛土の重さ 17 kN/m³（宅地造成規制法施行令別表
　　　　　　　　　　　2、砂質土）

　　　　　　　　　　　1 m 盛れば 17 kN/m² となり、2 階建て住宅の接地
　　　　　　　　　　　圧より大きい。

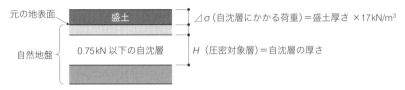

図 6.3.2　m_v 式による住宅地盤の大まかな沈下量算定

参考までに、0.5 kN 自沈層が 2 m ある地盤に 1.5 m 盛土した場合の沈下量 S を筆者流の簡略計算式で算定する。

$$S = (0.0011) \times (2.0) \times (1.5 \times 17)$$
$$= 0.0561 \,\text{m} \fallingdotseq 56 \,\text{mm}$$

この 56 mm は、単に 1 m 四方の自然地盤の上に 1.5 m 盛土した場合の沈下量である。宅地はそれが横に広がっており、宅地中央の自然地盤は、直上からの荷重だけでなく、周囲からの荷重も受けている（p.37 図 1.6.3 参照）。このため中央部は、単なる 1 m 四方で算定する沈下量より大きい沈下量となり、約 4 倍が近似値である。これを図 6.3.3 に示す（p.27 図 1.4.5 参照）。

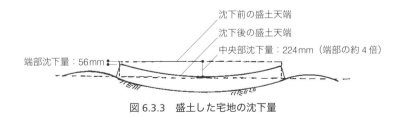

図 6.3.3　盛土した宅地の沈下量

6 章　地盤調査結果の評価　｜　101

筆者は 30 歳ごろ、ある専門誌を読む中で、沈下量を cm まで算出している精度について疑問を持ち、出版社に手紙で質問した。

1 ヶ月ぐらい後、ある個人の方から手紙とともに資料が届いた。何気なく読んでいると、過日出版社に出した質問への著者からの回答であった。

そこには「読んでいただき、ありがとうございます」との言葉から始まり、次のように書かれていた。

○ 計算した沈下量は、あくまでも現在の基準で計算したものであり、現場と合致するとは限らない。実際の沈下量は、計算沈下量の倍半ぐらいと理解し、工事が始まったら、沈下量管理をすることが大事。計算沈下量は目安である。

○ これからも疑問を持つことが大事です。

手書きの丁寧な回答に感謝し、お礼状を出したが、後でその著者は土質、基礎工学の分野のすごい先生であったことを知り、浅学無知な若造の質問に丁寧に回答いただいたことに恐縮するとともに、「計算沈下量は倍半の精度」はそれ以来、私の尺度となった。

よって先に述べた算定沈下量も倍半ぐらいに受け止めることを勧める。

6.4 地盤推定断面図を描いてみよう

よほど軟らかい地盤でない限り重さで住宅が沈下することはなく、地盤自体が沈下変形した時、沈下量が異なれば不同沈下となる。

宅地内で沈下量が異なるのは、地盤が水平、同厚、同質であるか否かであり、それらのいずれかが外れていると不同沈下している。

それを見破るには、地盤調査結果の柱状図をつなぎ、断面図にすれば容易に判断できる。この断面図を「地盤推定断面図」と言い、地盤の検討は断面図を書くことから始める。

(1) SWS 試験柱状図での盛土厚さの把握方法

ボーリングと異なり、SWS 試験の場合は土を採取しないため、目視によ

る盛土、旧来地盤の見極めができない。しかしながらSWS試験柱状図から盛土厚さを把握することが不同沈下防止の第一歩であることから、長年挑み、やっと自分なりの視点をまとめた。4.2節（3）項で詳しく説明しているが、改めて表6.4.1に列記する。

大体の地盤は表6.4.1のいずれかで盛土の最下端を想像できる。

(2) 地盤推定断面図を描いてみよう

①宅地とSWS試験位置の平面図を描く（図6.4.1）

表 6.4.1　SWS試験柱状図から盛土厚さを読み取る考えかた

	盛土、旧来地盤の考えかた
イ	地盤は深くなるほど硬くなる……年数経過と載荷重
ロ	水田の表土は軟らかい……硬かったら田植えはできない
ハ	丘陵地、山の斜面の表土は少しだけ軟らかい（腐葉土堆積、雨水が表面を流下しながら浸透）
ニ	ガリガリと感じる石は角ばった石、コリコリと感じる石は角が取れた丸みがある石
ホ	山の石は角ばり、川に近い場所の石は丸みあり
ヘ	貫入最終深度が「空転」の場合は（硬質地盤でなく）石やコンクリート等の障害物に当たっている
ト	回転をやめた時、逆回転の反発があるのは地山の硬い層
チ	地山の硬質層は、宅地周囲の地盤の傾斜と同じ

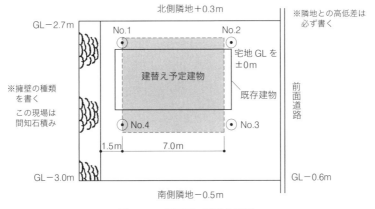

図 6.4.1　平面図、試験位置図

②今回は SWS 試験の No.4、No.3 の断面とし、まず宅地の断面図を描く（図 6.4.2）
・石練り積擁壁の断面は勾配に注意して描く
・SWS 試験位置、深度 1 m ごとの横線を描く
③ No.3、No.4 の柱状図（図 6.4.3）から「自沈層」「深部の硬質層」「土質」などを読み取り、断面図に書き込む

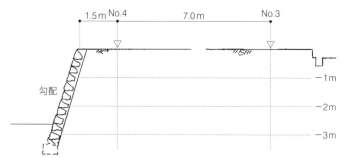

図 6.4.2　宅地断面図

No.3 柱状図

貫入深さ D m	荷重 Wsw kN	半回転数 Na	1m当たりの半回転数 Nsw	推定土質	貫入状況	貫入量 L m	換算 N 値	換算 qa kN/m²
0.25	1.00	15	60	SG	ガリガリ	0.25	6.0	66.0
0.50	1.00	1	4	SG	ガリガリ	0.25	2.3	32.4
0.75	0.75	0	0	CS	ユックリ	0.25	1.5	30.0
1.00	1.00	0	0	CS	ユックリ	0.25	2.0	30.0
1.25	1.00	4	16	CS		0.25	3.1	39.6
1.50	1.00	10	40	CS		0.25	4.6	54.0
1.75	1.00	26	104	SG	打撃ガリガリ	0.25	9.0	92.4
2.00	1.00	40	150	SG	打撃ガリガリ	0.25	12.0	120.0
2.25	1.00	61	150	SG	打撃ガリガリ	0.25	12.0	120.0
2.50	1.00	82	150	SG	打撃ガリガリ	0.25	12.0	120.0

No.4 柱状図

貫入深さ D m	荷重 Wsw kN	半回転数 Na	1m当たりの半回転数 Nsw	推定土質	貫入状況	貫入量 L m	換算 N 値	換算 qa kN/m²
0.25	1.00	5	20	CS		0.25	3.3	42.0
0.50	1.00	26	104	SG		0.25	9.0	92.4
0.75	1.00	13	52	SG	ガリガリ	0.25	5.7	61.0
1.00	1.00	0	0	CS	ユックリ	0.25	2.0	30.0
1.25	0.75	0	0	CS	ユックリ	0.25	1.5	30.0
1.50	1.00	1	4	CS	ストン	0.25	2.2	32.4
1.75	0.50	0	0	CS	ストン	0.25	1.0	30.0
2.00	0.75	0	0	CS	ユックリ	0.25	1.5	30.0
2.25	1.00	0	0	CS	ユックリ	0.25	2.0	30.0
2.50	1.00	0	0	CS	ユックリ	0.25	2.0	30.0
2.75	1.00	4	16	CS		0.25	4.1	39.6
3.00	1.00	30	120	SG	打撃ガリガリ	0.25	10.0	102.0
3.25	1.00	55	150	SG	打撃ガリガリ	0.25	12.0	120.0

図 6.4.3　柱状図

柱状図を見ながら断面図に以下を書く（図6.4.4）。

No.3：－0.5～－1.0mにある0.75kN、1.0kN自沈に●を記入

自沈層下のNsw2桁の深さに⊕を記入

No.4：－0.75～－1.25m、及び－1.5～－2.5mにある自沈層に●を記入

－1.5～－1.75mにある0.5kN自沈に●を記入

自沈層下のNsw2桁の深さ⊕を記入

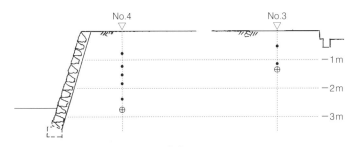

図6.4.4　柱状図から記入

④盛土の最下端を探す

この場合は表6.4.1のイ、ハが該当する。

No.3：－1.0mの自沈層下までが盛土

No.4：－2.5mの自沈層下までが盛土

⑤No.3とNo.4を線で結ぶ

No.4－No.3を地盤推定断面図を図6.4.5として、考察、結果を示す。

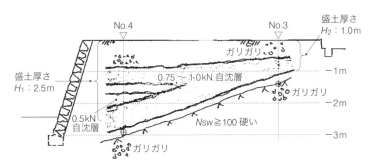

図6.4.5　No.4－No.3 地盤推定断面図

6章　地盤調査結果の評価

考察：

まず告示の支持力度算定式から支持力度 q_a を算定。

・No.3 の地盤の支持力度

$q_a = 30 + 0.6 \cdot \overline{Nsw}$

GL $- 0.25 \sim - 2.25\,\mathrm{m}$ の平均 Nsw

$\overline{Nsw} = (4 + 0 + 0 + 16 + 40 + 104 + 150 + 150)\,/8$

$= 58$

$\therefore q_a = 30 + 0.6 \cdot 58 = 64.8\,\mathrm{kN/m^2} > 13\,\mathrm{kN/m^2}$（住宅の接地圧）

・No.4 の地盤の支持力度

GL $- 0.25 \sim - 2.25\,\mathrm{m}$ の平均 Nsw

$\overline{Nsw} = (104 + 52 + 0 + 0 + 4 + 0 + 0 + 0)\,/8$

$= 20$

$\therefore q_a = 30 + 0.6 \cdot 20 = 42.0\,\mathrm{kN/m^2} > 13\,\mathrm{kN/m^2}$（住宅の接地圧）

支持力度だけでみれば住宅荷重を十分支持できる地盤である。

次に、自沈層があるため、不同沈下の有無を検討する。

・宅地の高低差と同じく地盤の中も傾斜‥‥‥‥‥‥‥‥‥‥‥水平でない

・盛土厚さ比（$H_1 / H_2 = 2.5$）が大きく異なる ‥‥‥‥‥‥同厚でない

・自沈層厚が大きく異なり、かつ No.4 には 0.5 kN 自沈層がある

‥‥‥‥‥‥同質でない

結果：

住宅荷重を支える支持力度は満たしているが、盛土厚さ及び自沈層厚さが大きく異なる宅地であり、直接基礎なら不同沈下する可能性が大きい。

近隣及び既存石積み擁壁等を考慮して「小口径鋼管杭」が適当である。

6.5 盛土地盤での地盤の支持力度算定式や沈下量算定式は、そのまま用いないのが良い

(1) 地盤に必要なものは許容支持力度と許容沈下量

平成 13 年 7 月 2 日国土交通省告示第 1113 号[文1] の第二では地盤の許容応

表 6.5.1　地盤の許容応力度

　地盤の許容応力度を定める方法は、次の表の　(一)項、(二)項又は
(三)項に掲げる式によるものとしている。

　但し、地震時に液状化する恐れがある地盤の場合又は (三)項に掲げ
る式を用いる場合においては、基礎の底部から下方 2 m 以内の距離に
ある地盤に SWS 試験の荷重は 1 kN 以下で自沈する層が存在する場合
若しくは基礎の底部から下方 2 m を超え 5 m 以内の距離にある地盤に
SWS 試験の荷重が 500 N 以下で自沈する層が存在する場合にあっては、
建築物の自重による沈下その他の地盤の変形等を考慮して建築物又は
建築物の部分に有害な損傷、変形及び沈下が生じないことを確かめな
ければならない。

	長期に生ずる力に対する地盤の許容応力度を定める場合	短期に生ずる力に対する地盤の許容応力度を定める場合
(一)	$q_a = 1/3\,(i_c \cdot C \cdot N_c + \beta \cdot \gamma_1 \cdot B \cdot N\gamma + i_q \cdot \gamma_2 \cdot D_f \cdot N_q)$	$q_a = 2/3\,(i_c \cdot C \cdot N_c + \beta \cdot \gamma_1 \cdot B \cdot N\gamma + i_q \cdot \gamma_2 \cdot D_f \cdot N_q)$
(二)	$q_a = q_t + 1/3 \cdot N' \cdot \gamma_2 \cdot D_f$	$q_a = 2q_t + 1/3 \cdot N' \cdot \gamma_2 \cdot D_f$
(三)	$q_a = 30 + 0.6 \cdot \overline{N_{sw}}$	$q_a = 60 + 1.2 \cdot \overline{N_{sw}}$

力度（本書では地盤の支持力度）が定められており、抜粋し次に示す。

　告示第 1113 号からは「許容応力度 q_a（以下、支持力度）と沈下は異なる
ものである」と読み取れる（表 6.5.1）。

(2) 盛土地盤での支持力度 q_a と支持力度算定式の是非

　「地盤に荷重をかけ、その荷重を順次増していくと、ある荷重段階で地盤
がガクッと壊れる」この壊れる時の荷重度(kN/m²)が極限支持力度 q_d、$q_d/3$
の荷重度が許容支持力度（本書では支持力度）q_a であることは、すでに述
べた（p.81 図 5.4.2）。

　荷重をかけた時の地盤の沈下量と、最後は荷重に耐えられなくなった地
盤がせん断破壊する時の荷重度が地盤の極限支持力度である。

　しかし、実際の宅地では建物荷重による沈下はほとんどなく、「宅地自体

の沈下変形」が多くの原因であり、盛土体への雨水の浸透による嵩の減少（体積減少）及び粘着力、内部摩擦角の低下により変形し、沈下している。

このことから、盛土地盤に対して支持力度算定式を用いることは構わないが、「降雨がなく、雨水浸透がない場合の支持力度」と理解しておくべきである。

「盛土は何年経てば落ち着く？」と聞かれることがある。この場合、「透水性が良い砂質土の場合、盛土厚さ×1年程度？、粘性土は結果でしかわからない」と答えてきた。

(3) 盛土地盤での沈下量算定式の是非

一般的には「沈下量＝圧密沈下量」であり、粘性土地盤に荷重がかかった場合、土粒子間にある水が荷重圧で押し出されることによって生じる沈下が圧密沈下であり、その量が「圧密沈下量」である。

土は水、空気、土粒子で構成（p.24 図1.4.1）されているが、空気を全く含まない土があり、これを飽和土（図6.5.1）[文5]と呼んでいる。粘性土（田植えの時の水田の土、地盤深部の土、川底の堆積土等）に多い。

この飽和土に荷重を加えると、土粒子が小さい故に長時間かかって水が押し出され、沈下する。これが圧密沈下である。

盛土には諸々の土と石等とともに空気が多く混ざっており、飽和土でなく不飽和土である。不飽和土に荷重をかけても空気が押し出されるだけで圧密沈下でないため圧密沈下量算定式を適用できない。

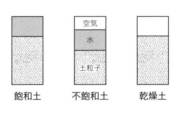

図 6.5.1　飽和土と不飽和土

6.6　立地・土質・地歴・支持力などを総合評価

　「狭い日本　そんなに急いでどこへ行く」という交通標語ではないが、「狭い日本、住みよい場所は　なかなかない」とつくづく思う。

　しかしながら宅地選定や設計ミス防止のため、全て該当することはないが、あえて望ましい宅地の概要を列記する（表 6.6.1）。

　チェック項目右の○△は筆者が自宅を確認したものである。

表 6.6.1　望ましい宅地の概要

	概要	評価
①立地	地名の字名が災害地名や軟弱地盤地名でない	○
	前方が開けて、後ろに高い斜面がない緩やかな丘陵地	△
	住宅街や集落の端でない	○
	神社、社が近くにある	○
	神社の境内より標高が高い	○
	自然災害伝承碑がない	○
	近くに大木が生えている	○
	海から離れ、近くの川の堤防より 5 m 以上高い宅地	○
	前面道路より 1.0 m 以上高い宅地	○ （浸水の回避）
	宅地を取り囲む擁壁の高さは 1 m 以上、2 m 以下	○ （浸水の回避）
②地歴	古くから人々が暮らしてきた集落が近くにある	○ （宅地の崩壊）
	埋め立てや盛土施工後、100 年以上経過している	○ （切土）
③土質と支持力度	洪積地盤、河岸段丘	○ （洪積）
	地盤の支持力度 q_a が 50 kN/m² 以上	○

6 章　地盤調査結果の評価　109

III部

平時・災害時の不同沈下対策

　ここまでは不同沈下事故の現状を中心に、その事故防止のためには「土と地盤の基本」「宅地の立地」及び「地盤調査で留意すべき点」について述べた。その中で特に盛土が事故の大きな原因であり、その盛土を把握することが実務設計の中で最も重要であることを解説した。

　Ⅲ部では、地盤性状、宅地の立地等からの平時及び自然災害時の具体的な不同沈下対策を解説する。

7章 平時の不同沈下対策

　平時の不同沈下対策が始まったのが1975年ごろであり、間もなく50年になる。最初は表層改良（浅層混合処理工法）であり、その後、鋼管杭、柱状改良が普及した。最初のころは地盤調査すること自体、理解されず、非難も多く、対策工事に至っては理解してもらうのに苦労した。
　しかし、阪神淡路大震災を経て、地盤調査に基づく対策をしていた建物の被災が極端に少なく、小さかったことから、やっと陽の目を見た。
　当初の様々な苦い経験も、今になれば懐かしく、それらを思い起こしながら、現在の地盤補強工法を図7.0.1に示す。1970年頃は木杭しかなかったが、50年経過した今は多くの工法が開発され使われている。
　現在の工法は「杭状地盤補強」と「面状地盤補強」に大別されている。

7.1　表土を固めて支持する地盤改良・補強

　建物の重さは地盤に伝わる。この時、水であれば水の深部まで重さがそのまま伝わる（図7.1.1(a)）が、地盤にはある程度の硬さがあるため、基礎

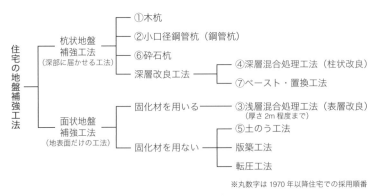

図 7.0.1　現在の地盤補強工法

底板下から下方へ分散しながら伝わる。この時の分散を2：1、地盤下方への影響範囲を、布基礎なら底板幅Bの2倍程度、べた基礎なら2m下方程度としていることが多い（図7.1.1(b)）[文2]。

2階建て木造住宅の実際の接地圧は11〜13 kN/m²が多く、前述のように人が宅地を踏んだ時の接地圧より軽い。しかしながら、土を構成する「土粒子、水、空気」の内の水か空気が通常より多い地盤は緩いため、住宅を支えきれず沈下する（めり込み型不同沈下、1章参照）。

緩い地盤の水もしくは空気のいずれかを減らすことによって、硬く、強くする（図7.1.2）、それが「面状地盤補強工法」である。

(1) 面状地盤補強工法とは

深さ2mまでぐらいまでがほぼ一様に緩い（水か空気が多い）地盤において、地盤の中に多い空気か水を減らして硬い地盤にする工法を"面状地盤補強工法"と呼んでいる。

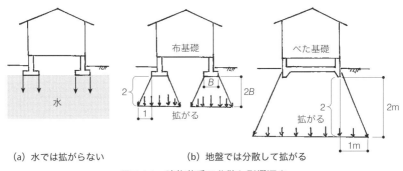

(a) 水では拡がらない　　　(b) 地盤では分散して拡がる

図7.1.1　建物荷重の分散と影響深さ

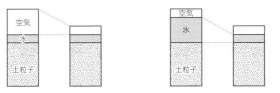

(a) 空気が多い地盤は空気を減らす　　(b) 水が多い地盤は水を減らす

図7.1.2　水か空気を減らす面状地盤補強

1) 空気を減らして硬くする転圧工法

　土中の空気は静かに押さえても抜けない。このため振動ローラー（写真7.1.1(a)）、タンピングランマー（写真7.1.1(b)）などの機械を用いる。これらの機械は大きな力で地盤を押さえ、叩くことができ、それによって空気を追い出すことができる。この作業を転圧、締固めと呼んでいる。

　ただし、地盤の締固めでは次のことに注意すべきである。

　イ) 粘性土地盤は締め固めにくいので、工夫が必要

　粘性土を多く含む地盤を機械で叩き、押さえても、その横の地盤が盛り上がるだけでなかなか空気を抜くことができない。これは杵で餅をつく時を思い出せば理解できるはず。このような場合は先に砂、クラッシャラン、砕石などを粘性土と混ぜ、その後、転圧すれば空気を追い出すことができ、地盤を締め固めることができる。また砂、クラッシャラン、砕石などを混ぜることによって、地盤の支持力度を大きくすることもできる。

　ロ) 盛土は0.3m程度ごとに層状施工し、各層は「水平、同厚、同質」

　このように薄く、拡げることを"撒き出し"、その土を撒き出し土と言っている。

　住宅の建築地は小型の機械でしか施工できない(写真7.1.1)。この場合の撒き出し厚さは0.3m、少し大きい機械なら0.5mまでが勧められている。

　すなわち、盛土1.0mの締固めに写真7.1.1(a)の振動ローラーを使用するなら、3〜4層の施工となる（図7.1.3）。

　先に1.0m程度土砂を入れ、その上をバックホウが走行しているのを見

(a) 振動ローラーによる転圧

(b) タンピングランマーによる締固め

写真 7.1.1　空気を追い出す方法

かけるが、下半分ぐらいは締め固まっていない可能性が大きい（図7.1.4）。また一気に盛土の場合は、図7.1.4のように道路側から種々の土を搬入しているのを見かけるが、「水平、同厚、同質」と程遠い地盤であり、不同沈下しやすい盛土である。

このような時、「建物は別途、地盤補強をするから大丈夫」との声を聞くことがあるが、間違いである。なぜならば、建物は支持できても、庭や外構構造物が沈下するからである。また熊本地震の液状化被災地で、しっかり締め固められた盛土宅地では、不同沈下量が軽微であったことも盛土の締固めの大事さを物語っている。

図7.1.3のように「水平、同厚、同質」盛土、及び層ごとの締固めにより、盛土厚さ1m程度であれば、建物用の地盤補強をしなくても不同沈下を防止できたことがある。

2）荷重をかけて水を抜く

水が多く含まれているのは粘性土であり、特有の細かい土粒子の輪の中に水が含まれているため、振動や叩きでは水を減らすことができない。水を減らすには荷重（重し）をかけ、時間をかけて搾り出す。

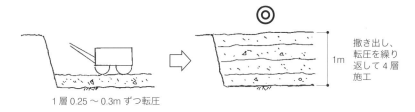

図7.1.3　水平・同厚・同質で繰り返し転圧

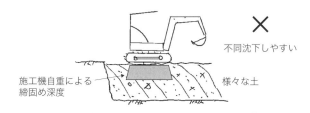

図7.1.4　一気に盛土、上部をバックホウ走行で締固め
これでは水平・同厚・同質でなく、なおかつ下の方の盛土は締固めできない

7章　平時の不同沈下対策

樽の中に野菜を入れて塩を振って石を載せると野菜の水が抜けて漬物ができる。これと同じである（図7.1.5）

宅地造成工事の初期、予定の高さより高く盛土をして、数ヶ月を経て地盤の中の水を減らすプレロード工法がある。

しかし、住宅着工直前になってからプレロード工法は実施できない。

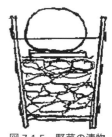

図 7.1.5　野菜の漬物

3）費用と工期が抑えられる「表層改良工法」だが、設計と施工は他の工法より難しい

「土にセメントを混ぜると、土が硬くなった」、これを1975年ごろコンクリートの専門誌で読んだ。当時は「現場練りコンクリート」から「生コン」に切り替わった時期であり、コンクリートに対して「土と泥」は天敵であった。故に土にポルトランドセメントを混ぜて固くなるとは考えられず、興味を持てなかった。

その数年後、セメント系固化材と現土を混合、撹拌、転圧する表層改良工法を知った。「水の上を人は歩けないが、水の表面が凍ると歩ける（図7.1.6）」、表層改良をこのように理解し実施した。

専用の施工機械を必要とせず、一見、簡単に施工できる工法のように思われるためか、工事費用も他に比べて安価である。しかし、多くの工程が作業者の気持ち次第で決められる工法であるため、品質のばらつきや苦情、事故も多い。不同沈下防止の観点から、他の文献で見かけない設計、施工の留意点を列記する。

図 7.1.6　表面が固くなった

──設計上の留意点──

イ）表層改良した改良版の下に新規盛土を残してはならない（図7.1.7、p.30 図1.5.3参照）

表層改良しながら不同沈下事故！で最も多いのが図7.1.7である。埋め

戻し土、盛土は雨水が浸透し、時間経過とともに体積減少し（前述）、改良版の下に隙間が生じ、それとともに改良版が折れて沈下している。このような場合は擁壁底板まで届くように改良しておけばよい。

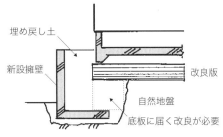

図 7.1.7　改良版下が盛土は不適

ロ）表層改良によって建物荷重の分散・低減はあるが、改良版の下に自沈層を残さない（図 7.1.8）

表層改良を導入した当初は「表層改良して接地圧を低減し、その接地圧が支持力度未満であれば不同沈下しない」と、沈下量のことは全く考えていなかったために事故が多かった。

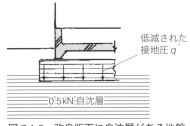

図 7.1.8　改良版下に自沈層がある地盤

導入から 40 年余経過した今は自沈層の上に設計しない。

○沈下の有無の確認

図 7.1.8 の反省を込めて、0.5 kN 自沈層が下方まである地盤の上部 0.5 m を表層改良した場合の効果を、指針に従い図 7.1.9 の通り計算する。

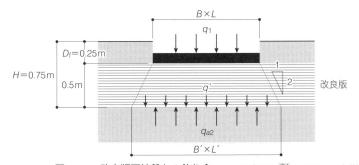

図 7.1.9　改良版下地盤との釣り合い　(出典:「指針1」文1 p.195 図 7.3.3 に加筆)

7 章　平時の不同沈下対策　｜　117

$$q' = \frac{q_1 \times B \times L}{B' \times L'} + \gamma \times (H - D_f) \quad (\text{kN/m}^2)$$

ここで　q'：改良版底面に作用する分散応力　(kN/m^2)

　　　　　q_1：基礎底面の平均接地圧　(kN/m^2) ……10 kN/m² とする

　　$B、L$：基礎底面の幅長さ　(m) ……$B = 5\,\text{m}$、$L = 6\,\text{m}$ とする

　$B'、L'$：分散後の幅、長さ………… $B' = 5.5\,\text{m}$、$L' = 6.5\,\text{m}$

　　　　　D_f：基礎の根入れ　(m) ………… 0.25 m とする

　　　　　H：改良盤底面までの深さ　(m)

　　　　　γ：改良土の単位体積重量　(kN/m^3)

　　　　q_{a2}：未改良地盤の支持力度　(kN/m^2)

$$= \frac{1}{3}\left(90 \times \overline{Wsw} + 1.92 \times \overline{Nsw}\right) \quad (\text{kN/m}^2)$$

$$q' = \frac{q_1 \times B \times L}{B' \times L'} + \gamma \times (H - D_f) \quad (\text{kN/m}^2)$$

$$= \frac{10 \times 5 \times 6}{5.5 \times 6.5} + 18 \times (0.75 - 0.25)$$

$$= 17.4\,\text{kN/m}^2 \quad \Downarrow \quad (\text{未改良地盤にかかる力})$$

自沈層だから $Nsw = 0$

$$q_{a2} = \frac{1}{3}\left(90 \times 0.5 + 1.92 \times 0\right)$$

改良版下は 0.5 kN

$$= 15\,\text{kN/m}^2 \quad \Uparrow \quad (\text{未改良 0.5 kN 地盤の支持力度})$$

沈下の確認　$\dfrac{q'}{q_{a2}} = \dfrac{17.4}{15} = 1.16$　NG（支持力度不足で沈下する）

○沈下量の確認

$$S = m_v \times H \times \triangle P \quad (m_v \text{ は p.101 表 6.3.1 参照})$$

$$= 0.0011 \times 2\,\text{m}\,(\text{影響深度}) \times 13\,(\text{建物の接地圧})$$

$$= 0.029\,\text{m} = 29\,\text{mm}\,(\text{端部}) \sim 116\,\text{mm}\,(\text{中央部は端部の 4 倍、表 6.3.1})$$

判断：

　支持力度不足とともに大きな沈下量が見込まれ、さらに「実際の沈下

量は算定沈下量の倍半」から、14〜230 mm の沈下が見込まれる。このことから顕著な不同沈下（p.20 表 1.3.1 参照）が発生する可能性が大きいため不適である。

　基礎直下の地盤を版状に固めることによって、見た目は頑丈な地盤にできると思われるが、改良版の下の未改良地盤が 0.5 kN 自沈層であれば支持できず、沈下量も大きい。このことは p.101 で解説済である。1 棟の住宅の地盤判断に長時間かけられないため、筆者は 0.5 kN 地盤への盛土とともに表層改良も避け、他の工法を採用してきた。

ハ）固まらないことがある

①水位より深い地盤は、改良しても固化しない（図 7.1.10）

　住宅用表層改良で用いる固化材はセメントに似た材料であり、水と反応して固化する。しかし、水が多すぎると強度が低下し固化しない。

　掘削中、ある深さで水が出てきた場合、その深さ以深は、水が多すぎるため固化しない。このため SWS 試験の水位を確認し、設計深度の近くまで水位がある場合は、表層改良を採用しない方が良い。

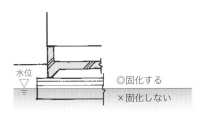

図 7.1.10　水位より下方の表層改良

②海のそば、川のそばの土は固化しにくい

　表層改良施工の翌日、現場に行くと、固まっていなかった。初めは「水か？」と思ったが、それが原因でないことは明らか。このことを現場経験豊富な知人に尋ねたところ、「多分、土の粒度分布が原因だろう。改良土に真砂土でも混ぜて施工したら、固まるはず」。言われた通り施工したら、今度はばっちり固まった。これをきっかけに土の粒度分布の重要性を知り、私なりに次のように理解した。

　大人と 1 歳ぐらいの子供は身長が違いすぎて手をつなげない。

　大人、大学生、高校生、中学生、小学生、幼稚園児、1 歳児が並んだら隣との身長差が小さいので手をつなげる。

砂の粒径は 0.075 〜 2.0 mm だが、川や海の近くでは微粒子が風や波にさらわれ、大きい粒の砂が残っている。ゆえに粒径≒2.0 mm。これに対して固化材の粒径（セメントの粒径）は 0.01 mm。

砂を大人、固化材を 1 歳児とするなら大人は 1 歳児の 200 倍の背の高さ。これでは手をつなげるはずがない。この 2 人の間に幼稚園児、小学生、中学生…などが立つことによって手をつなぐことができる。

固めるためには、固化材と砂の中間の粒径の土を介在させる必要があった。

③火山灰土は固化しにくい

関東ローム、黒ボク、赤ボク……これらは火山の噴火によって飛ばされ風が運んで積もった火山灰土である。火山灰土が酸性であるのに対して固化材が強アルカリ性であるため、固化しにくい。

④カタログ掲載の固化材添加量（kg/m³）では固まりにくい

改良したい土 1 m³ への固化材添加量（kg）は材料メーカーのカタログに掲載されている。しかし、その添加量は「室内配合試験結果に基づいた添加量」である。室内配合試験のためには、専用の電動撹拌機で数分混合・撹拌の後、試験体を作っており、現場の混合・撹拌と大きく異なる。

このため、カタログ添加量の 2 倍程度の固化材添加が無難である。

──施工上の留意点────────

①撒きだし厚さ 0.3 〜 0.5 m、水平、同厚、同質土での施工であること

②改良厚さは 2 m 以下とする

③転圧は振動ローラー、タンピングランマー、プレートランマーとする
バックホウのバケットで叩いても締固めできない。

④余った固化材を一部の改良箇所に多く添加してはならない
（固化材が多すぎると改良土が膨張することがある）

⑤現土を握り、適当な水分であるか確認し（写真 7.1.2）、不足なら散水する

⑥絶えずフェノールフタレン溶液を噴霧して色むらがないことを確認する
色むらは固化強度のばらつきである。

写真 7.1.2　手で握って含水比の確認
写真の土は含水比 30%

（2）品質管理しやすい土のう工法

　20 数年前（以前勤務していた会社の時代）、社内の知人から「自宅の新築で基礎下に土のうを敷いてほしいというお客さんがおられる。土のうを敷いて良いか、お客さんの話を聞いてほしい」との連絡があった。

　面白い話と思い、早速訪問させていただいた。お客さんは大学の先生で土のうによる地盤の強化を研究されており、施工第 1 号としてご自宅の新築での実施を希望されていた。第 1 号の施工に参加させていただき、「使える」と実感した。これが土のう工法との出会いである。

―**わかりやすい土のう工法の原理**―

　土は粘着力、内部摩擦角によって凝集し固まっている。軟らかい土の場合、粘着力や内部摩擦角を増強することによって、硬い地盤に変質させる。先に述べた表層改良は「セメント系固化材」を混入させて水を減らすとともに、土粒子同士を結合させたものであり、粘着力を付加したものである。しかしながら、表層改良は固化しにくい土質の地盤があり、また湧水場所では固化しない。要するに施工した翌日気づく「未固化」の不安が付きまとう。

　砂、砕石は足で踏むと簡単に崩れる。これらを土のう袋に詰めてしまえば、足で踏んでも崩れず、土のう袋が破れた時、崩れる。すなわち、土のう袋が粘着力、内部摩擦角の代わりをする工法である。このことから品質のばらつきは袋に詰める砕石の差だけであり、品質管理しやすい。

──地盤に優しい土のう工法──────

　上からの荷重を土のう内の砕石のかみ合わせである程度吸収し、次にしなやかに下の地盤に優しく伝えている[文33]（図 7.1.11）。これは軟らかい地盤への支持力度増強、沈下量低減につながる特徴である。

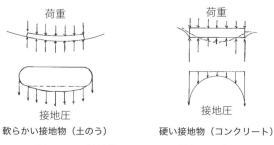

図 7.1.11　接地物の硬さによる接地圧の違い

──土のう工法の良さ──────

○使用する材料と機械がほぼ汎用品でシンプル
　　材料：土のう袋、専用シート（特定品）、砕石
　　機械：バックホウ、ランマー、振動ローラー
○施工費の多くは労務費であり、建築地域の人々に支払われる
○決められた手順通り施工すれば、目的の品質が得られる
　　極端に言えば、納入伝票と施工写真だけで品質管理できる。
○水を遮らない土のう
　　セメント系固化材で固められた改良土は地盤中の水の流れを遮り、改良土の背面に水が溜まり、思わぬ2次被害が生じることがある。しかし、土のう袋に詰められた砕石は水を留めず透水させる。

──土のう工法の弱点──────

○性能証明取得工法でない
　　住宅で普遍的に実施するためには、国交省が指定する団体で性能証明を取得しなければならないが、未取得である。

○砕石を詰めた土のうが重く、かなりの重労働

　写真7.1.3は砕石を詰めた土のう（25kg/袋）を敷設した状況である。これを1日に1000～2000袋並べた翌日は仕事を休みたくなる。

○土中での正確な劣化時期が不明

　紫外線にあたると1週間強で劣化が始まるが、土中での劣化は正確には把握していない。土のう工法が始まった当初、「70年ぐらいは大丈夫」と聞いている。

──実施例────────

　性能証明未取得であることから、住宅1棟全てに実施することは少なく、一部分に異常がある場合に、その異常をクリアするため「良質土への置換」として実施することが多く（写真7.1.3、図7.1.12）、現場の状況に応じて、平板載荷試験を実施することもある。

(a) 湧き水対策の地業

(b) 遺跡保護の地盤補強

写真7.1.3　施工事例

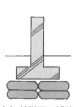
(a) 基礎下の補強

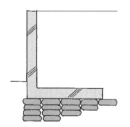
(b) 擁壁底板下の補強

図7.1.12　土のう敷設断面

7章　平時の不同沈下対策　│　123

―進化する土のう工法――――

○力仕事からの解放

実施初めは通常の土のう袋に 16L の砕石を詰め、0.4 m × 0.4 m × 0.1 m の座布団状で敷設したが重労働であった。これを解消すべく完成させたのが敷設場所で土のうを作る、WASC シートパック工法（0.8 m × 0.8 m × 0.15 m）である（図 7.1.13）。

○載荷試験で性能確認

超軟弱地盤（GL − 0.5 〜 − 10 m まで 0.5 kN、0.25 kN 自沈）において、土のうなし、土のう 1 段、3 段で載荷試験及び長期載荷試験を実施している（写真 7.1.4）。

その結果、土のうを 3 段積むことにより、短期せん断変形、長期載荷試験においても、沈下量をおよそ半減できることが確認できた。

しかし、住宅では不同沈下量 3 mm 未満でなければならず（p.20 表 1.3.1）、安直に採用できない。このため土のうの特徴を十分理解し、"良質土への置換"目的で使用することを勧める。

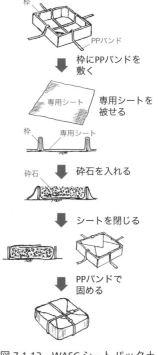

図 7.1.13　WASC シートパック土のうの作りかた

写真 7.1.4 (a) 平板載荷試験

写真 7.1.4 (b) 4 ヶ月間の長期載荷試験
載荷重 20 kN、接地圧 31.25 m²

・長期載荷試験結果

重さ20 kNのコンクリートブロックの天端を、126日間計測した結果を図7.1.14に示す。

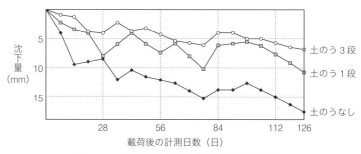

図 7.1.14　長期載荷試験　経過日数と沈下量

・平板載荷試験結果

極限支持力度に大きな違いはないが、降伏支持力度（図 7.1.15 ○印）で違いが明確であった。

　　土のう3段：降伏支持力度≒80 kN/m^2　その時の沈下量7.5 mm
　　土のうなし：降伏支持力度≒35 kN/m^2　その時の沈下量8.0 mm

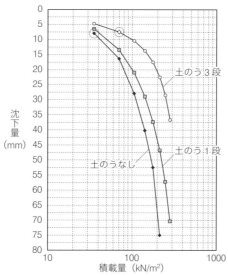

図 7.1.15　平板載荷試験　載荷重―沈下量図

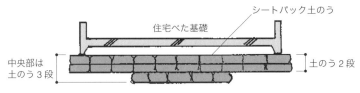

図 7.1.16 土のう敷設 桁方向断面図

写真 7.1.5 枠を並べて 1 層目土のうの敷設

写真 7.1.6 1 層目土のうの転圧

　海成粘土地盤で GL − 20 m 辺りまで 0.25 〜 0.5 kN 自沈層が続く宅地。
　ここで住宅は長い鋼管杭を打設したが、宅地所有者の趣味を楽しむ建物（木造平屋 ≒ 50 m²）まで鋼管杭はもったいないと相談を受けて、WASC シートパック土のうを施工した。その施工概要を図 7.1.16、写真 7.1.5、7.1.6 に示す。
　また前述の土のう工法を開発された先生を中心に大型土のう工法（ソイルバック工法、D・BOX 工法）が開発され、土木工事で実施されている。

(3)「版築」工法を用いた地盤補強

　1976 年ごろから不同沈下防止の仕事が多くなり、「どうしたら傾かないか」に没頭していた。前述のように、「法隆寺は 1400 年を経ても 1 mm も不同沈下していなかった」と聞き、衝撃を受けたのはそんな時だった。その後は法隆寺及び宮大工・西岡常一氏の本を読み漁り、建物の礎石を支持する地盤は「版築」という工法で固められていることを知った（図 7.1.17）。
　五重塔の荷重、礎石の接地面積から接地圧を想像した（図 7.1.18）。

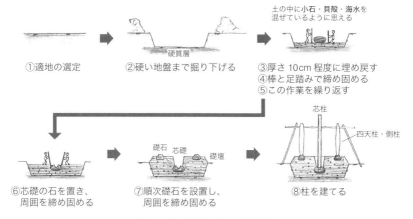

図 7.1.17　版築工法の作業順序

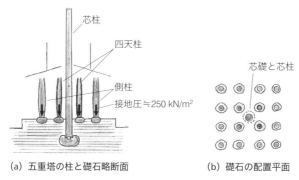

図 7.1.18　五重塔の礎石と柱

・総重量は1万2000 kNであり、芯柱を除く16本で支持（1本当たり750 kN）
・礎石の接地面積を3 m²と仮定するなら、接地圧は約250 kN/m²

このことから「版築工法で250 kN/m²を超える硬さの地盤を造成した」から不同沈下しなかったことになる。この硬さなら金槌で釘を打とうとしても釘が曲がるはず。版築工法で造成された礎石の下の地盤を見ることはできないが、法隆寺境内の漆喰が落ちた土塀でははっきり見えた（写真7.1.7(a)、(b)）。

7章　平時の不同沈下対策　127

(a) 五重塔　　　　　　　(b) 撒き出した各層が見える土塀

写真 7.1.7　法隆寺

―住宅でその内容を応用した――――

　住宅では硬さ 50 kN/m² 程度の地盤で良く、版築工法で地盤を固める必要はない。しかし、10 cm 程度の撒きだし厚さで、各層を丹念に突き固めれば相当の硬さまで固めることができることを版築から学び、版築の熱烈なファンになった。以後、表層改良及び盛土、埋め戻し土の締固めに応用するとともに、講演会などではたびたび、紹介してきた。

―実際の施工ができた――――

　ある日、知人から「鹿児島城・御楼門の再建で礎石周囲の地盤を版築で固めたいので協力してほしい」と連絡があった。1601 年頃から築城を始めた鹿児島城の正門に当たる御楼門は明治 6 年に焼失し、その再建が叶うことになったが、セメント系固化材による地盤強化の耐用年数が未知であり、それよりは 1000 年を超える実績がある版築工法を採用したいとのこと。

　筆者は版築のファンであるがプレイヤーではないため、具体的な施工方法は全く知らなかった。しかし、憧れの版築に関われる絶好のチャンスと思い、わくわくしながら文献[37,38]を探した。

　法隆寺 1400 年に及ばずとも、500 年は保持できる版築土との思いを込めて整理し、提案書[39]として届けた。

　　○版築土には次の物が混ぜられている
　　　　土 ＋ 砂 ＋ 消石灰 $Ca(OH)_2$ ＋ 苦汁(にがり) $MgCl_2$

写真 7.1.8　タコでの締固め　同じ重さで形状が異なるタコは苦心の結果

○配合比（質量比）は概ね次であった
　土：砂：消石灰：苦汁＝ 1：0.5：(0.10 〜 0.18)：(0.15 〜 0.4 適量)
○土の含水比：概ね 30％（雨に濡らさない）
○撒き出し厚さ：100 mm
○突き固め：角材、丸太による「タコ」
○突き固め回数：記載されていない

法隆寺境内の土塀には粒径が大きい砂、貝殻破片、藁のようなものが混ざっていた。聖徳太子を祀る境内に食べた後の貝殻を埋めるはずがないが……と長年疑問を持っていたが、貝殻は消石灰の代用、藁と見えたのは乾燥した海藻（苦汁）かと想像を膨らました。

知人の会社は発注者と協議しながら、試行を重ね着工に至った。

版築工事の見学では施工段取り、手順の見事さに感心し、15 cm/層で撒き出した土が、締固めによって 10 cm となったことには驚いた（写真 7.1.8）。

その後、上屋の工事も進み、2019 年 3 月に御楼門は落成した[文40]。

30 数歳で知り、ファンになり憧れてきた版築工法に 30 数年後、直接関われた運の良さに感謝した。

7 章　平時の不同沈下対策　129

―版築土は硬くなった―――――

　混合された土をモールド缶に詰め、一軸圧縮強度試験を実施した。その結果、想像した法隆寺の版築土強度（250 kN/m² 推定）をはるかに超えており、また材齢 28 日以降も強度増加が続いており安心した（図 7.1.19）*。

―後日談―――――

　その後、有名な寺の堂が傾いたため、曳家をした後、地盤工事をして元に曳き戻すことを TV で知り、見学に行った。この時、地盤工事の内容を質問したところ「セメント系固化材による柱状改良を行った後、コンクリートスラブを設け、その上に曳き戻す」と説明を受けた。この説明は御楼門での考えかたと大きく異なり、歴史的な構造物であっても、対応には真反対の考えかたもあることを知った。

　実社会での版築は造園、外構、および室内での大きな壁のデザインの一つとして稀に使われているようであるが、構造物を支える改良土、補強土として使われることは少ない。

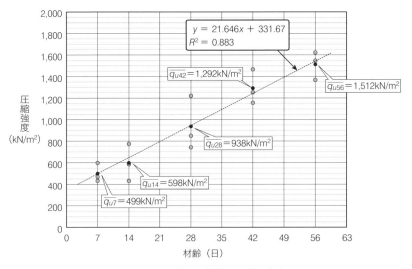

図 7.1.19　版築土の材齢と一軸圧縮強度

＊　日頃の表層改良土、柱状改良土では材齢 7 日まで急速に強度が発現（材齢 28 日強度の約 90％）し、後はゆっくり強度が増す。

版築を知り、追求する中で「版築土の寿命は無限、セメント系固化材による改良土の寿命は有限（せいぜい 100 年？*）」と考えるに至り、上部構造物に期待する耐用年数が超長期間である場合に有効な工法と理解した。

7.2 深部の硬い地盤で支持する補強工法

(1) 各工法の特徴

この項では p.112 図 7.0.1 に示した杭状地盤補強の中の小口径鋼管杭工法、柱状改良（深層混合処理工法）、木杭について述べる。

基礎下の 2m 程度の地盤を固くして支持する面状地盤補強工法と異なり、地盤の深部にある硬い地盤まで届かせた「補強材」で建物を支持する工法（図 7.2.1）であり、近年の地盤補強工事の多くを占めている。

1) 各工法の比較と特徴

各工法の特徴は大きく異なり、表 7.2.1 に示す。

2) 杭状地盤補強工法の長期許容支持力（以下、支持力）の考えかた

杭状地盤補強の支持力の詳細は指針 pp.185-187[文2] に記載されているため、概要を述べる。

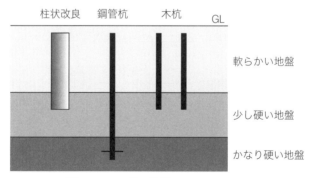

図 7.2.1　3 工法の特徴

---

* コンクリートの計画共用期間は一般的なコンクリートの場合 50〜65 年、特別な考慮をしたコンクリートの場合約 100 年である。改良土の場合は地中にあり、無筋であるため（50〜65）× 1.5 < 100 年と考えた。

7 章　平時の不同沈下対策　｜　131

表 7.2.1　3 工法の支持力確保の比較

支持力要素 工法	形状 先端の太さ	形状 長さ	得られる支持力 先端支持力	得られる支持力 周面摩擦力	柱状改良と同じ支持力にするための設計条件
柱状改良	φ400～600	～約8m	太いから大きい	太いから大きい	—
回転貫入鋼管杭	φ250～300	～約15m	硬い地盤に届かせるため大きい	0	かなり硬い地盤に貫入させて先端支持力を大きくする
木杭	φ120～200	～約12m	細いから小さい	細いから小さい	硬い地盤に貫入できないので本数を増すか杭長を長くする

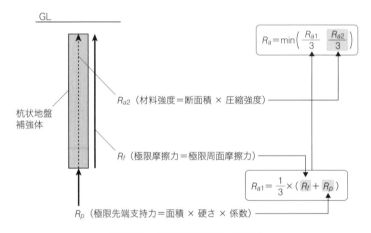

図 7.2.2　杭状地盤補強体の支持力

　1本の杭状地盤補強体が、余裕をもって支持できる力が支持力 R_a であり、図 7.2.2 に示す工法の支持力の考えかたは次の通り同じである。

R_a ＝ min（地盤による支持力 R_{a1}　杭材強度による支持力 R_{a2}）

ここで　R_{a1} ＝ 1/3 ×（杭状地盤補強体の極限先端支持力 R_p
　　　　　　　　＋杭状地盤補強体の極限摩擦力 R_f）

　　　　　　＝ 1/3 ×（先端面積×地盤の硬さ×係数＋補強体の周面積
　　　　　　　　×摩擦力（粘性土なら c、砂質土なら $10/3 × N$）

　　　R_{a2} ＝ 1/3 ×（杭状地盤補強体の最小面積×改良体の圧縮強度）

なお、住宅の回転貫入鋼管杭では周面摩擦力 R_f を考慮せず、先端支持力 R_p だけを支持力 R_a としていることが多い。これは杭先の羽根によって杭周囲の土が乱されることを考えた結果である。

　　回転貫入鋼管杭の $R_a = 1/3 \times R_p$　（kN／本）

（2）硬い自然地盤に貫入させて建物を支える「小口径鋼管杭」

　筆者は社会人2年目の秋から現場で基礎工事に従事し、現場によっては、木杭を打たなければならなかった。しかし、大きな杭打ち機が使えるわけでなく、今では考えられないが、脚立を立ててタンピングランマーで打ち込むことを教えられた。不安定であり、深くまで打てず困っていた。

　こんな時、「アメリカで牧場の柵の杭を打つ機械が開発された」ことを雑誌で見つけた。トラックの上にコンプレッサーを積み、そこから圧縮空気を送って動かす機械であった（写真7.2.1(a)）。

　早速、雑誌社に問い合わせたが、「記事がアメリカから届いただけで、日本にはない」とのこと。上司にお願いしたところ2ヶ月弱で現物が届いた。

　杭打機自体は60kg、2人なら持てた。「地中に打ち込むのはH鋼」との先入観があり、H鋼に合うアダプターを作り打ち込んだ。金属が金属を叩く音が大きかったが見事に深くまで打てた。しかし、打ち込まれながらH鋼がゆっくり回転し、ウェブとフランジの位置が想定した方向でなくなった。「打ち込み杭は回る、それなら丸い鋼管が良い」これが住宅用鋼管杭の始まりであり、杭打機のアダプターに納まる鋼管サイズがφ101.6であった。

　以来、新築時の地盤補強として圧縮空気で打ち込むφ101.6の鋼管杭を標準として実施したが、2〜3年後、入手しやすいφ114.3に鋼管を変更した。

─回転貫入工法によって普及に拍車がかかった─────

　ある日、親しい施工会社の社長からの連絡で見にいった。それは先端に捩じった翼を付けた鋼管杭であった（写真7.2.1(b)）。「釘は金槌で叩かないと入らないが、木ねじはドライバーで回すだけで入る」。ここに目を付け

た「回転貫入鋼管杭」第1号であった。

　打ち込み鋼管杭では、金属音で近隣に迷惑をかけていたが、この工法なら騒音の心配がない。この回転貫入杭の完成により住宅業界全体に、普及がさらに加速した。導入初期の打ち込み機、回転貫入初期の杭先、現在多いクローラー施工機を写真7.2.1(c) に示す。

―激甚災害にも耐えた鋼管杭――――

　普及し始めは切盛宅地の盛土部分に使用することが多く、費用も安価であったが、建築主からは「近所の新築ではそんなことはやっていない」と、歓迎されなかった。その鋼管が大きく陽の目を見たのが1995年の阪神淡路大震災であった。被災された方から「隣は倒壊し、我が家も石垣は崩れたが家は大丈夫だった」この言葉を、たくさんの顧客からいただき、心の底から嬉しかった。

　その後も大きな自然災害の被災地で、鋼管杭だけで支えられている建物を多く見て（写真7.2.2）、"鋼管杭は命を守れる" と確信している。

（a）輸入した打ち込み機　　（b）初期の杭先　　（c）クローラー機での回転貫入

写真7.2.1　鋼管杭の施工機械

写真7.2.2　床下地盤の大半が濁流で流されたが、倒壊しなかった住宅

40数年前、雑誌の1ページを目に留めたことから始まった鋼管杭が、いまや平時だけでなく、自然災害時の建物倒壊を防止できる切り札となっている。人生冥利、社会に貢献できていることが嬉しい。
　自然災害で被災しても建物と、住む人の命を守っている鋼管杭だが、10年ぐらい前から鋼材が高騰し始め、鋼管杭工事の費用が高額になっている。
　このため、鋼管杭工事が避けられる傾向が著しい。単に費用だけで比較すると高額であるが、他の工法にない"住む人の命と財産を守れる"大きな付加価値、利点がはっきりしている。いつかわからないが、一生の間に必ず遭遇するであろう自然災害を考え、その時、地盤が崩れる可能性がある宅地（隣地と高低差が大きい宅地、住宅地の端の宅地等）においては鋼管杭を施工しておくことを強く勧める。

──**鋼管杭の命は先端地盤と継手**──

　1975年以降も、都市郊外に大規模な住宅地が造成されていた。出来たてのホヤホヤの造成地での不同沈下防止に、鋼管杭はうってつけであった。しかし、施工実績が多くなれば「鋼管杭を打設した建物の不同沈下」も稀に発生し、筆者は「杭打って、悔い残す」と言ってきた。その原因は今にも通じるものであるから特筆しておく。

1）硬い自然地盤に貫入していない鋼管杭は役に立たない

　鋼管杭は先端支持力だけで住宅を支持するため、先端を硬い自然地盤に貫入させておかなければならない（図7.2.3 A）。

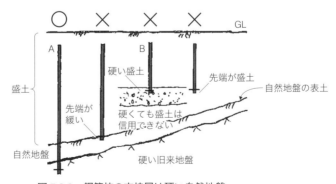

図7.2.3　鋼管杭の支持層は硬い自然地盤

7章　平時の不同沈下対策　｜　135

しかし、住宅の地盤調査のほとんどはSWS試験であり、この試験機は貫入力が小さい。盛土宅地において、盛土の途中が硬くなると、以深に貫入できず、その深さを「支持層」と判断し、その深さで杭長を決めていることがあり、次の2つの問題が発生している（図7.2.3 B）。
・打ち止め貫入量や貫入トルクに関係なく、設計深さだけ打設している。
　この場合は平時の不同沈下も発生しているが、自然災害時には鋼管杭自体が沈下、移動して建物を支持できない。
・施工機の貫入力にまかせて（途中の層を貫通し）深部まで打設する。この場合は、設計長さより長い杭となり、追加の費用が必要となる。
　SWS試験結果から「鋼管杭が適当」と判断した場合、「ラムサウンディング試験」または「ボーリング」で確実な支持層を確認して杭長を決めている会社がある。これが当たり前の住宅業界になることを望む。

2）鋼管の命は継ぎ手

　自然災害被災地において、くの字に曲がっている鋼管杭を見かけることがある。円弧状であれば曲がっていると思えるが、「くの字」の場合は継ぎ手で折れている証である。

　鋼管杭の継ぎ手に多い現場溶接は、溶接箇所に裏当て（写真7.2.3(a)）が必要であり、さらに「雨、雪、極寒、強風等」も避けなければならない。

　近頃は裏当てをしているのを見かけるが、施工途中で天候が急変（降雨、降雪、強風等）した場合、作業をやめているだろうか。現場溶接は作業者の胸三寸になりやすく、品質にばらつきが生じやすい。

（a）継ぎ手の裏当て金物　　　　（b）機械式継ぎ手の一例

写真7.2.3　鋼管杭の継ぎ手

写真 7.2.4　コンクリートの中性化深さ

写真 7.2.5　簡単に折れた鋼管杭

　鋼管杭が使われ始めてから 50 年近い今、確実な継ぎ手として機械式継ぎ手が普及することを願う（写真 7.2.3(b)）。
──**コンクリートを詰めた鋼管杭は折れやすい !?**──────
　数年前、築 30 数年の住宅の解体現場に「基礎コンクリートの中性化深さ（写真 7.2.4）」「鋼管杭の腐食状況」の確認にいった。基礎下の鋼管杭は GL − 2 m までを撤去するとのこと。− 2 m あたりをガス溶断か、と思っていたら、「中にコンクリートが充填されているので、杭頭をバックホウで左右に動かせば折れる」とのこと。その言葉の通り、数回で簡単に折れた（写真 7.2.5）。
　鋼管杭が拡がり始めた頃、「杭頭と基礎コンクリートを鉄筋で繋ぐ」「鋼管の中にコンクリートを充填する」会社があったが、先行していた筆者は何れも実施しなかった。前者は阪神淡路大震災の被災建物で「地盤とともに横ずれした杭が、基礎スラブを壊してなかった」のを見て、繋がないのが良い、ことが実証された。後者については、自然災害で宅地の土砂が崩壊し、鋼管杭だけで建物を支持している光景に、解体現場で目撃した光景が重なり、「コンクリートを充填していたら折れていたかも知れない」と思い、鋼管杭にコンクリートを充填しないで良かったと安堵した。

（3）最も一般的だが品質管理が難しい「柱状改良工法」
　関西から全国に普及した鋼管杭であったが、沖積平野では杭長が長くなり、費用が高額になることがわかってきた。そのような時、「柱状改良なら

鋼管杭より短くできるから安価」と後輩から連絡があった。

以前から知っていた既製コンクリートの摩擦杭でなく、宅地の土を円柱状に固めた「土杭」で構造物を支持する工法、これが柱状改良との出会いである。関東から徐々に実施し、大阪、名古屋、九州の沖積平野へ拡げた。

―支持力の考えかた―

改良体が太いため、周面摩擦力と先端支持力を大きく採れる（p.132 表7.2.1、図7.2.2）。このため鋼管杭なら10 m/本必要な地盤で、改良体の長さを半分程度にできる場合があり、費用が安価になる。

―品質確保が難しい工法である―

前述のように、鋼管杭であれば鋼材の強度、太さは工場生産品であり、優劣はなく、問題は硬い自然地盤に貫入できたかだけである（図7.2.3）。

柱状改良においてもSWS試験結果に基づいて改良体長を仮定し、長さ、太さ、強度等を代入して支持力を算定する。しかし、太さ、長さ、強度等（図7.2.4）は現場施工で全て実現するものであり、「これから作る目標値」である。

このことから柱状改良を「全品質現場実現工法」と筆者は呼んでいる。

品質確保ができず事故が発生した事例を次に述べる。

1）長さが不足している（設計長さより短い）ことがあった

柱状改良の長さはあくまでも設計上の長さであり、実際の施工長は「管理装置による記録」または「手記」である。しかし、後者は信用性が劣る。

短い場合は、周面摩擦力が小さくなり、支持力が小さくなる。しかし、

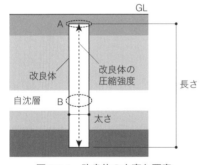

図7.2.4 改良体の大事な要素

写真7.2.6 すり減った撹拌翼

短いことを特定することは相当難しい。

2）改良体が細いことがあった

　施工機の攪拌翼が土との摩耗によりすり減っていることが多く、その場合は細い改良体となり、周面摩擦力、先端支持力が小さくなる（写真 7.2.6）。

3）固まっていない改良体（圧縮強度不足）があった

　柱状改良の事故（不同沈下）原因で最も多いのが「圧縮強度不足＝未固化」であり、原因はおよそ次の 2 つである。

イ）固まりにくい土がある

　施工現場の土が、固化しにくい土であったことを見抜けなかったために発生している。固化しにくい土はおよそ次である。

①腐植土層は固まらない

　土は土粒子、水、空気から成るが、水位以深にあり、植物の残骸が混ざった土を腐植土と呼んでいる。腐植途中であることから酸性であり、かつほとんど水であり、土粒子が少ない（写真 7.2.7）。

　このため強アルカリ性のセメント系固化材を混入しても水和反応を起こさず、かつ土粒子が少ないため固体にならない。

　山間の平地、旧河道（昔の川跡）、池の底、池の周囲等に堆積しており、地元の土木工事、地質調査関係者は堆積場所を知っている。以前は気温が低い地方に多いと聞いてきたが、四国、九州にもあり、全国どこでも未固化事故の可能性がある。

②火山灰質粘土は固まりにくい

　クロボク、関東ローム等は風積土、すなわち火山の爆発物の中の粒が小

写真 7.2.7　腐植土
採取した土を乾燥したら、乾燥前の
重さの 12% であり（88% は水）、乾燥
後は植物の茎と葉脈がほとんど

さいものが積もった土であり、土粒子の粒径が小さいためセメント系固化材だけでは固化しにくい。ある現場ではクロボクの下に腐植土が堆積していた（写真7.2.7）。このような現場では柱状改良は不適である。

③異物が埋まっている地盤は固まらない

筆者が経験した異物は次のものである。
・炭、灰：空襲、昔の戦等で焼け野原となった場所に埋まっていた。
・産業廃棄物：1980年ごろまではあちこちに埋められていた。

④施工した改良体の強度確認が不十分で未固化を見過ごしている

多くの現場では、改良体の頭部（図7.2.4のA）から採取して強度試験を実施している（p.87写真5.6.1）。しかし、固化しにくい土は地盤の深部にあり（表土にはほとんどない）、意味がない試験が常態化している。GL－1.5m以深が固化しなかった改良体を取り出している様子を写真7.2.8に示す。

固化しにくい土の分布地域は大体わかっている。その地域で施工する場合は、施工前に深部から土を採取して、事前に室内配合試験を行い（写真7.2.9）、固化、未固化を判断し、なおかつ、施工時には改良体の頭部だけでなく、自沈層深度の改良土（図7.2.4のB）も採取して、強度確認試験をすべきである。ここまでしても完全には未固化を防止ができない。それほど未固化防止は難しい。住宅会社、地盤補強会社、地盤調査会社が本気で未固化防止に取り組まなければ"上棟式時点ですでに不同沈下"の不幸を防げない。

写真7.2.8　改良体の取り出し
未固化部は取り出せず残った

写真7.2.9　室内配合試験の試験練り

ロ）大雑把な混合・攪拌では固化しない

従来からの柱状改良を改善、改良し、性能証明を取得した工法が多くなった。それらでは様々な設定をしており、その中に「羽根切り回数」がある。

羽根切り回数とは施工ロッドに装着している攪拌翼（複数枚、図7.2.5）が改良体1m当たり何回混ぜるかであり、多くは「300回/m」が多い。

4枚翼で往復300回/mであれば、約37mm間隔で攪拌していることになり、それが改良体の側面に筋として残る。

ハ）ドラム缶状の改良体があった

不同沈下建物を持ち揚げる工事現場で目撃した改良体は、側面の筋の間隔が約100mmであった（写真7.2.10）。このことは羽根切り回数≒100回/mであり、かなり大雑把な施工であった証である。

この改良体を側面からバールで強く突いたら、バールが中まで入った。

大雑把過ぎたため、固化材スラリー（セメント系固化材と水が混ざったミルク状の液体）と土が混ざらず、周囲に流れ、周囲だけ固化した改良体であり、ドラム缶状改良体（図7.2.6）と筆者は呼んでいる。

ニ）斜めに施工した改良体は支持力が劣る

建柱車を改造した施工機の場合、写真7.2.11のように斜めに施工して

写真7.2.10　大雑把施工の改良体

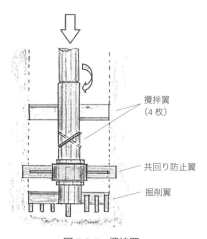

図7.2.5　攪拌翼

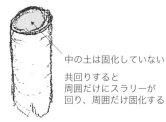

図7.2.6　ドラム缶状の改良体

7章　平時の不同沈下対策　141

施工ロッドが斜め
改良体の傾き

写真 7.2.11　明らかに斜め施工　奥の電柱はほぼ垂直

いることがある。直径φ400〜600mmで、長さが5mを越える改良体が建物荷重を支持できる前提条件は「ほぼ垂直」である。

　斜めに施工した改良体は設計支持力に達していない可能性が大きい。

―柱状改良であるが故の現場での事故―
4）山裾の宅地の下は地下水が流れている

　イ）改良体が地下水の流れを遮った

　山裾の建替え宅地で柱状改良を施工した2〜3日後、「庭の井戸から水が溢れ出した」と連絡があった。これは柱状改良体が並んだため地中の水道を塞いだためと思った。それとは逆に「井戸水が枯れた」こともあった。

　それらの現場の状況を図7.2.7に示す。

　それらを経験し、近隣に使われている井戸がある宅地では柱状改良を採用せず、鋼管杭を実施した。

　ロ）掘削していたら水が噴き上がってきた

　この場所は名酒で有名な所であり、酒蔵方向へ向かって地下水が流れている途中に穴を開けたため噴出したものと思われる。以後、名水の里、酒

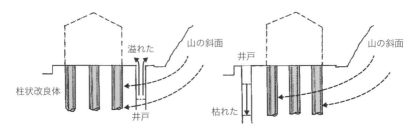

図 7.2.7　山裾の宅地と井戸

蔵がある地域では柱状改良をやめた。

5）池の鯉が死んだ

　柱状改良を施工した数日後、「池の鯉が死んでしまった。セメントの灰汁が原因だ」と苦情が届いた。それ以降、近隣に池がある宅地での柱状改良はやめた。

6）　改良体が膨張することが稀にある

イ）施工後の改良体がゆっくり膨張した

　柱状改良の施工後、基礎天端の高さが毎日のように変わり慌てた。

　基準点を設けて測量した結果、基礎が持ち上がっていることが判明した。

　固化材メーカーは「固化材に不適な土質であったことが原因」と主張したが、現実に照らせば、その主張は合致せず、固化材メーカーの責任ということで決着した。その後、10余年間、同様の事故が発生したが、近年は聞かない。施工現場の土質が不適なら、今も発生しているはずであり、土質との相性でないことは明らかである。近頃は「過剰な添加や混合不良の場合、膨張することがあります」と固化材メーカーのホームページに記載されている。近年の施工機では過剰な添加や混合不良は少ないため今後は膨張しない、と理解していいのか迷う。

ロ）事前配合試験の試験体が膨張した

　採取した土の室内配合試験を依頼され、通常の手順で試験練りを行いモールド缶に詰めた。翌日、ふと試験体を見ると、一部のモールド缶から頭部がはみ出ていた。「これはおかしい」と、再度、試験体を作ったところ、詰めた直後から膨張し始め、18 mm 隆起した。それら試験体の一軸圧縮試験結果の概要を図 7.2.8、表 7.2.2 に示す。

　この結果、次のことが把握できた。

・GL － 2.5 m の土は、固化材が異なっても膨張し、GL － 6.5 m の土は膨張していない。

・膨張した改良土は膨張していない改良土に比べて一軸圧縮強度が約 1/3 であった。

・膨張部分を削った試験体の質量は、膨張していない改良土に比べて約

変形	製作4時間後	材齢6日	状況解説
試験体正面		18mm	○縦に膨らんだ ・膨張した改良土はモールド缶の中では横には変形できないが、縦には変形できた ・モールド缶を抜け出したら 一気に18mm膨張 ・その後の伸びは小さかった
試験体頭部			○横に膨らんだ ・モールド缶を抜け出た改良土は水平方向の拘束がないため、水平方向に膨張 ・6日後は色が黒く、ひび割れ幅が大きくなった

図7.2.8　試験練り改良土の膨張

表7.2.2　膨張試験体の一軸圧縮試験結果

試験体名と固化材添加量、採取深度				一軸圧縮試験強度（kN/m²）			
試験体名称	固化材名と添加量（kg/m³）		採取深度（m）	頭部を削った後の試験体質量（g）			
	A社	B社		1	2	3	平均
A-1-1	200		GL－2.5（膨張）	772 / 272	790 / 282	855 / 284	805 / 279
A-1-2	400			1,330 / 302	1,329 / 299	1,332 / 307	1,330 / 303
A-2-1		200		830 / 304	805 / 313	839 / 311	825 / 309
A-2-2		400		1,160 / 298	1,216 / 291	1,227 / 299	1,201 / 296
上記12本の平均					強度 / 質量		1,040 / 297
B-1-1	200		GL－6〜－7（膨張なし）	3,014 / 317	2,560 / 319	2,806 / 323	2,793 / 320
B-1-2	400			3,725 / 322	3,748 / 322	3,820 / 323	3,764 / 322
B-2-1		200		2,799 / 322	2,672 / 322	2,932 / 322	2,801 / 322
B-2-2		400		2,897 / 317	5,179 / 317	3,548 / 317	3,874 / 317
上記12本の平均					強度 / 質量		3,308 / 320

　10%軽かった。膨張により空隙が増したためと思った。

　以前から経験してきた「石膏の過剰添加」を疑い、膨張した試験体、膨張なしの試験体及び各々の原土を分析し、成分を比較した結果、－2.5mの土にはCaが多く含まれていることが判明した。

　廃棄物処理法が制定された1970年まではあちこちに埋め立てられてい

たようであり、本件現場が1960年代に水田に盛土されており、時期的に合致する。その時期と探した文献[文41]から、「廃石膏が混ざった土であったため膨張した可能性がある」と、自分なりに結論づけた。

1970年（大阪万博）以前の盛土の中には何が埋まっているかわからないため、その時期に造成された土地の場合は土壌分析を行い、通常よりCaが多い場合は他の工法へ変更することを勧める。

──柱状改良の適否──

一時は何でもかんでも柱状改良の時期があり、現在も柱状改良は最も多い地盤補強工法である。前述のように筆者は柱状改良を「全品質現場実現工法」と呼んでおり、それぐらい品質確保が難しい工法であることを肝に銘じてもらいたい。

また"丘陵地の鋼管杭、平地の柱状改良"、あるいは"常時の柱状改良、自然災害時の鋼管杭"とも呼んできた。振り返っても、その言葉は間違っていなかった。新築時の総額の中で地盤補強費用が安価であることは重要であるが、昨今は非常時（自然災害）でも家を守れる性能の大小を必ず評価して工法を選択してほしい。

（4）古くて新しい木杭は平時の沈下防止には役立つ

あることがきっかけとなり、城の石垣の刻印探しに夢中になった時期がある（写真7.2.12）。これを続けていく内に「堀に囲まれて地盤が軟らかい

写真7.2.12　金沢城石川門で見られる石垣の刻印

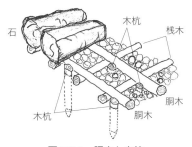

図7.2.9　胴木と木杭

はずなのに、なぜ城の石垣は崩れていないのか」の疑問が生じた。法隆寺を追っかけた時と同じく、本を読み漁り、「木を水平方向に梯子のように組み、梯子の外側に木を縦方法に打ち込み、梯子の間に石を詰め、沈下を防いでいた」ことを知った（図7.2.9）。

その他に、次のことを経験した。
・1940年ごろ建築された紡績工場の解体において、基礎下から大量の木杭が出てきたが全く腐っていなかった。
・全国有数の超軟弱地盤である佐賀平野では、木杭が当たり前のように施工されている。これらの時期には鋼管杭を普及させていながら、なぜか木杭に魅かれた。
・東日本大震災で被災した茨城県潮来市日の出を歩いているとき、民家の庭や前の畑に丸太が立っているのを見つけた（写真7.2.13）。民家の人に尋ねると「1970年ごろから湖であった場所を埋め立てた時の作業用の木杭が液状化で飛び出したのかな？」とのこと。

後日、庭の木杭3本を大阪まで搬送し、2本に潮来太郎、二郎と命名し弊社で保存、残る1本（潮来三郎）は九州の知人に贈った。

木杭は皮が付いたままであり、上部0.7m程度は中が空洞であった。

部屋に入れるため鋸で引くと、鋸くずの匂いがし、切断面は良材そのものであった（写真7.2.14）。「水中の木杭は腐らない」と聞いてきたことを目の当たりに体験した。

写真 7.2.13　液状化で飛び出した木杭

写真 7.2.14　約40年水中にあった木杭の切断面

―木杭の特徴―

1) 打設方法が一長一短、施工できない現場がある

打ち込み式（写真7.2.15）と圧入式の2方法で施工されている。

写真7.2.15　打ち込み式打設

・打ち込み式は音がやかましい。
打ち込み式の木杭が多い佐賀平野は、昔からこの音を響かせているから許されているのかと思うが、他の地域での施工は難しい。

・圧入式は施工機の重さで押し込むため施工音はないが、施工機自体が重く、大きいため運搬する回送車が大きい。このため、宅地前まで進入できない現場がある。

2) 木であるから防腐対策が必要

常水位以深は腐らないことが明らかであり、常水位を目途にした防腐対策がとられており、次の2方法のいずれかがとられている。

・水位より上部をコンクリート円柱で繋ぎ、防腐対策としている。
・杭体自体に防腐処理を施し、これを防腐対策として国交省指定団体から性能証明を取得している。これら2方法を図7.2.10に示す。

建築基準法施行令第38条6では「建築物の基礎に木杭を使用する場合においては、その木杭は、平家建ての木造の建築物に使用する場合を除き、常水面下にあるようにしなければならない」と定められており、性能証明

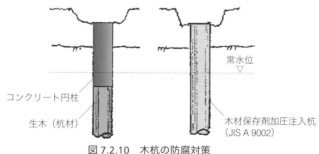

図7.2.10　木杭の防腐対策

7章　平時の不同沈下対策

を取得した時点で施行令の定めを免れたものと想像している。

3）杭材の品質にばらつきが小さい

決めている樹種の中から末口、元口寸法に合致する木材が使われることから、ほぼ設計通りの R_{a2}（杭材自体の圧縮強度）が確保できる。

また若いころ「木杭は鋸で打つ」と言われた。これは「打てなくなったら、鋸で切断する」という意味であり驚いたが、今は専用の施工機があり、大きな高止まり杭*は少ない。

4）適用宅地が明確である

この後で支持力について述べるが、「ほとんど周面摩擦力だけを支持力とする工法」であるから適、不適は明らかである。

イ）適格宅地

・沖積平野の一画で、常水位が高く、空気を含まない飽和地盤あるいは多く空気を含まない未飽和地盤

ロ）不適格宅地

・今後、体積減少が見込まれる盛土地盤

盛土自体が体積減少（収縮）すれば、周面摩擦力が低下するため、「盛土部分で周面摩擦力を見込まない」ことが大事。

・宅地自体が沈下する地盤

軟らかい地盤に盛土した宅地では、宅地自体が沈下することがあり、このような地盤では周面摩擦力が見込めない。

地盤が液状化した場合、周面摩擦力が一瞬なくなり、住宅が傾く（p.48 図 2.3.7 参照）。

・変形、崩れの可能性のある宅地

長い木杭はごく簡単な方法（下の杭の上に、載せているだけ）で繋いでおり、地盤が動けば建物を支持できない。

高い擁壁がある宅地、法肩（斜面の頂部）に接する宅地等は避けるべきである（図 7.2.11）。

＊ 高止まり杭：目的の深さまで打設できない杭をいう。

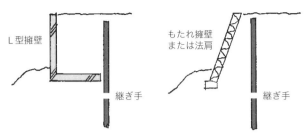

図 7.2.11 高い擁壁の背面に木杭は不適

― 支持力の考えかた ―

支持力構成はp.132図7.2.2で述べた通りである。杭体の長期許容圧縮力は指針[文2]において$f_c = 5000\,\text{kN/m}^2$と示されている。参考までに、図7.2.12に示す粘性土地盤に$\phi\,150\,\text{mm}$、$L5\,\text{m}$の木杭の支持力R_aを算定する。

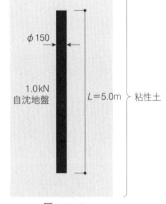

図 7.2.12 木杭支持力算定断面

$$R_a = \min(R_{a1}\quad R_{a2})$$

$$R_{a1} = 1/3 \times (R_f + R_p)$$

・R_f:極限摩擦力

　　　=表面積×粘着力

　　　$= (0.15 \times 3.14 \times 5)$

　　　　$\times (1/2 \times 45 \times Wsw + 0.75 \times Nsw)$

　　　$\fallingdotseq 53.0\,\text{kN}$

・R_p:極限先端支持力

　　　$= 6 \times (1/2 \times 45 \times Wsw + 0.75 \times Nsw)$

　　　　$\times (0.15/2)\,2 \times 3.14$

　　　$\fallingdotseq 2.7\,\text{kN}$

$\therefore R_{a1} = 1/3\,(R_f + R_p) \fallingdotseq 18.6\,\text{kN}$

　　$R_{a2} = 5000 \times (0.15/2)^2 \times 3.14 \fallingdotseq 88.3\,\text{kN}$

$\therefore R_a = \min(18.6\quad 88.3)$

　　$= 18.6\,\text{kN}$

支持力をまとめると次の通りとなる。

- $\phi 120 \sim 180$ と細いため、周面摩擦力 R_f や先端支持力 R_p が小さく、合算した支持力が小さい。
- 特に先端面積が小さく、杭体が木材であるため、柱状改良や鋼管杭のように先端を硬い地盤へ貫入させることができない。
- よってほとんどの支持力は周面摩擦力の杭である。

―支持力の確認―

知人が九州で木杭を施工しており、支持力確認の載荷試験を実施した。その概要を図7.2.13、図7.2.14、写真7.2.16に示す。

図7.2.14の $P \sim S$ 図から極限支持力 $R_d ≒ 100\,\mathrm{kN}$、$R_a ≒ 33\,\mathrm{kN}$ となり、$33\,\mathrm{kN}$ 載荷時の沈下量が $S ≒ 1.2\,\mathrm{mm}$ であることから $R_a = 33\,\mathrm{kN}$ を支持力として良い。

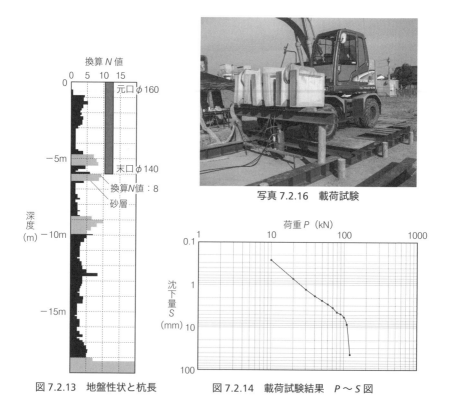

写真7.2.16 載荷試験

図7.2.13 地盤性状と杭長

図7.2.14 載荷試験結果 $P \sim S$ 図

比較的大きい支持力が得られたのは、−1.0〜−3.0mに少し硬い粘性土層があること、及び木杭先端を換算 N 値≒8の砂層（−4.75〜−6.5m）に載せているためと考える。

(5) 自立式擁壁は敷地を有効活用しながら不同沈下を防ぐ
―宅地には擁壁が伴い、その中でL型擁壁が好まれている―――――

傾斜地であった所を宅地にした、あるいは平坦地であるが採光や浸水を避けるため周囲より高くした場合、宅地の崩れ防止と有効面積拡大のため、擁壁を設ける。宅地では高さは1m未満から4m超まで、構造はRC造L型擁壁（以下、L型擁壁）、RC造逆T型擁壁、間知ブロック練積み擁壁（以下、間知擁壁）が多いが、L型擁壁が宅地の有効面積を拡大できるため好まれている（図7.2.15）。

崩れようとする土砂を食い止めるのが擁壁であるが、設計を誤ると「沈下、滑動、転倒」などの大きな障害が発生する（図7.2.16）。逆に言えば、「余裕をもって沈下、滑動、転倒を防止できる」擁壁が必要であり、L型擁壁は簡単な計算で安定な擁壁を設計できる。

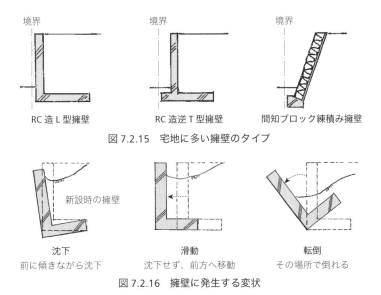

図7.2.15 宅地に多い擁壁のタイプ

図7.2.16 擁壁に発生する変状

7章　平時の不同沈下対策

―L型擁壁の安定は底板幅によって決まる―

　L型擁壁では底板上の土を構造の一部と考えており、底板幅が狭い場合は、沈下、滑動、転倒の何れもNGとなる。それらを防ぐため、底板幅Bは「$B \geqq 0.8 \times H$」程度必要であり、地上高さhが1.5mのL型擁壁の場合、$B \geqq 1.48\,\mathrm{m}$程度となる。L型擁壁の略断面を図7.2.17に示す。

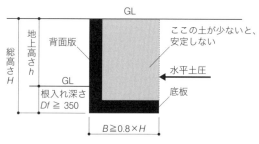

図7.2.17　L型擁壁断面

―狭い宅地では底板幅が邪魔になる―

　L型擁壁の背面の地盤をしっかり転圧すれば背面版に圧力が作用してひび割れが生じ、あるいは隣地側に傾く。これを避けるため、しっかり転圧できておらず、締固め未了による不同沈下は多い(p.30 図1.5.3)。不同沈下を防ぎ、宅地の有効利用のため擁壁近くに建物を配置した時、次の方法のいずれかを実施していることが稀にある（図7.2.18）。

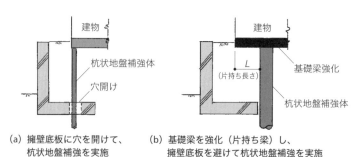

(a) 擁壁底板に穴を開けて、　　(b) 基礎梁を強化（片持ち梁）し、
　　杭状地盤補強を実施　　　　　　擁壁底板を避けて杭状地盤補強を実施

図7.2.18　底板がある場合の回避方法

しかし、(a)、(b) とも次の問題がある。
- (a)の場合：擁壁施工と建築工事が連動していかなければならないが、実際は連動できないことがほとんど。
- (b)の場合：住宅の基礎の立ち上がり幅、高さの多くは幅160 mm まで、高さ600 mm までが多いため施工しづらい基礎梁となる。また片持ち長さ（図7.2.18）は1 m 程度である。

このようなことから、図7.2.18が実施されることは少なく、それ故に擁壁に近づけて建築できず、もったいない空間となっている。

底板がない自立式擁壁

地盤を垂直に掘削すると崩れる。この崩れを防止する土留め工法の1つに「親杭横矢板工法」がある。縦方向にH鋼（親杭）を設計間隔で設け、地盤を掘削しながら、H鋼間に松板（横矢板）を挿入して崩れを止める工法である（図7.2.19）。崩れようとする土を横矢板で受け止め、親杭の強さで沈下、滑動、転倒を阻止している。

この親杭横矢板工法をヒントに開発されているのが"底板なし擁壁"である。親杭横矢板工法による土留めは工事中の仮設用であるが、擁壁は耐久性が必要な本設材である。このため、親杭には鋼管杭あるいはH鋼、横矢板にはコンクリートの二次製品が使われている。この擁壁の多くは土木工事で採用されているが、住宅に特化した"Tr-Wing 工法"があり、概要を図7.2.20、写真7.2.17に示す。

Tr-Wing 工法による擁壁であれば、境界から500 mm まで近づけて建築できる（図7.2.21）。

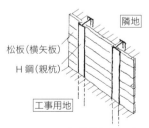

図 7.2.19　親杭横矢板工法の実施概要

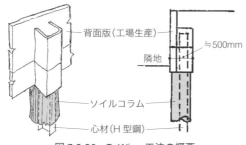

図 7.2.20 Tr-Wing 工法の概要

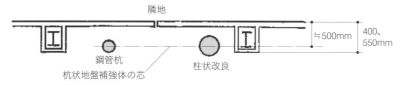

図 7.2.21 Tr-Wing 工法での建物の配置

(a) ソイルコラム造成　　(b) 親杭 H 鋼建て込み

(c) パネルの吊り込み　　(d) 完成

写真 7.2.17　掘削幅が小さく、短期間施工が利点 (提供：野澤直樹氏)

─自然災害で崩れた宅地の復旧にうってつけ─

自然災害により宅地の一画があちこちで崩れている。復旧しようとした時、L型擁壁は建物が邪魔して施工できず、間知練積み擁壁は宅地の有効面積が崩れる前より狭くなる。このような時、Tr-Wing工法であれば施工でき、かつ崩れる前より宅地の有効面積を拡げることができる（図7.2.22）。

─特徴─

地価が高いため宅地が狭い地域での新築に有効な方法であり（写真7.2.17）、また自然災害で被災した宅地を復旧に留まらず、復興できる工法である。

しかし、ソイルコラム施工機、工場生産の部材を搬入できる道路幅、荷下ろし時の作業車両の駐車等の観点から、施工できない宅地もある。

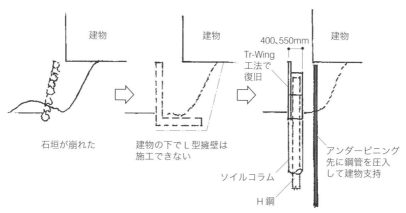

図7.2.22　土砂崩れした宅地の復旧に便利

8章 不同沈下している建物の修復

　神社、寺、公共建物などが大きく傾いた場合は、以前から持ち揚げていたが、普通の民家はそれほど持ち揚げていなかったようだ。それは少しぐらいの傾きは気にかけない風潮があり、それでも気になれば建築した地元の大工さんに連絡すれば、その都度直して貰えたためと思われる。

　昔からの木造の大きな建物は石場立てであり、床下に大きな空間がある。この空間を利用して、柱の端部に鋼材を通してジャッキをかけて"曳家(建

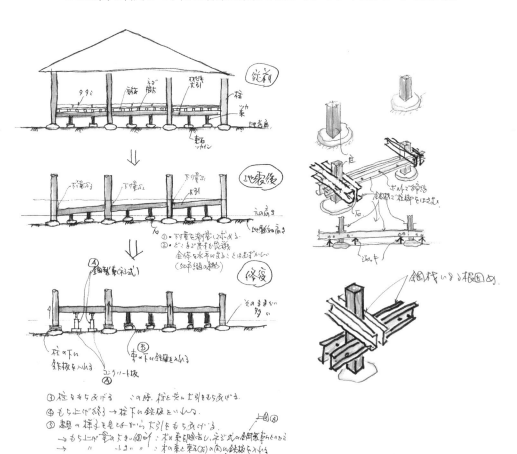

図 8.0.1　古く重い木造家屋の持ち揚げ（打ち合わせ時の概要図）

物を別の場所へ移動、あるいは建物の向きを変える仕事）"の人々が持ち揚げており、今よりは容易であった。築80年近い住宅が熊本地震で被災し、その建物の持ち揚げを計画した時の資料を図8.0.1に示す。

―傾いた住宅の持ち揚げが確立された――――

1970年以降の住宅ブームによって一気に住宅が新築され、それら住宅が傾く（不同沈下）事故が多く発生した。このころの新築住宅は「鉄筋コンクリート布基礎」であり、基礎と土台が多くのアンカーボルトで緊結されていたため、従来の曳家の方法では持ち揚げることができなくなっていた。

このような時期、筆者は傾いた建物の「持ち揚げ」に取り組むことになり、基礎ごと揚げる工法に取り組んだ。しかし、スムーズに持ち揚げることができず困っていた。この時、「基礎ごと曳家している会社がある」と仲間から連絡があり、鹿児島まで見にいき、見事な仕事を見ることができ、いろいろな要点を教えてもらえた。

この結果、地盤を反力とした基礎ごとの持ち揚げ、鋼管杭を打設し、それを反力とした基礎ごとの持ち揚げ等の工法を確立でき、順次施工することができた。

その後、不同沈下した住宅の修復方法は、多くの会社が開発し実施されて現在に至っている。40余年間、住宅の持ち揚げに関わってきた結果、持ち揚げ工事において大事なことは次の3点と思っている。

　・傾かせて申し訳ないという気持ちで作業すること

　・不同沈下した原因に照らした修復工法であること

　・建物の元の強さを維持できる修復工法であること

―現在の修復工法――――

平時に傾いた住宅の修復のため、全国のあちこちで毎日修復工事が施工されている。この平時の修復工法は大規模災害後の修復工事にも採用されている。筆者は熊本地震でボランティア活動をしている中で、被災された方々が各持ち揚げ工法の長所、短所を理解して修復会社と契約することを願い、多く実施されている4工法についての特徴をまとめた資料を作成し渡した。それを図8.0.2として示す。

8章　不同沈下している建物の修復　157

工法大別	工法	施工の概要		特徴						施工条件			その他	実績※3
		断面図	平面図	工事費の目安※1	工期の目安※1	構造的安定性	再沈下の可能性	水平微調整	近隣への影響	水位	不同沈下量	基礎形式		
建物を揚げて水平に戻す	Ⓐ 耐圧版工法	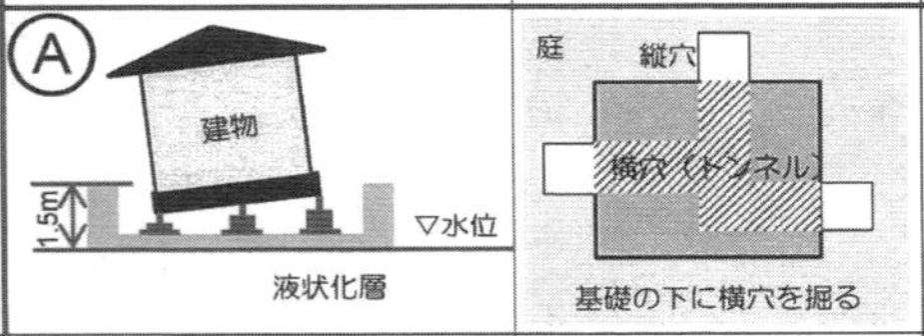	庭／縦穴／基礎の下に横穴を掘る	500〜800万円	1ヶ月	○ 被災前に回復程度	有	○ 微調整できる	少ない	地面から1.5m以浅では施工不可	条件なし	布基礎 べた基礎	自で確認できる	12%
	Ⓑ アンダーピニング工法	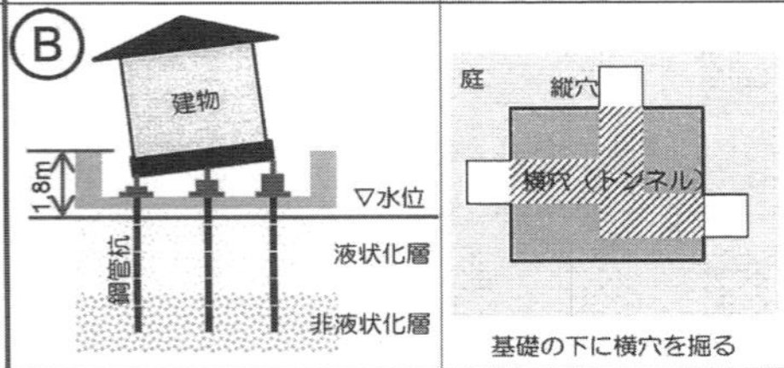	庭／縦穴／基礎の下に横穴を掘る	800〜1200万円	1.5ヶ月	◎ 被災前に回復程度	なし	○ 微調整できる	少ない	地面から1.8m以浅では施工不可	条件なし	布基礎 べた基礎	高額工事であるが、安心できる	7%
建物を揚げて水平に戻す	Ⓒ 注入工法	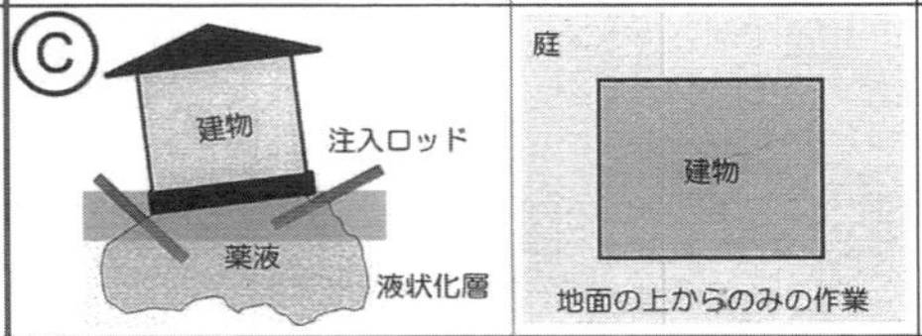	庭／建物／地面の上からのみの作業	400〜800万円	0.5ヶ月	△ 被災前より少し悪い	有	???	可能性有	水位に関係なく施工可能	20cm程度	べた基礎	注入材の吐出先が見えない不安がある	15%
	Ⓓ 土台揚げ工法	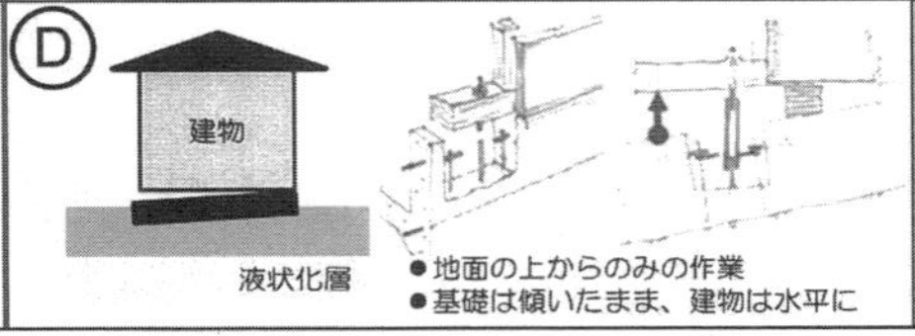	庭／建物 ●地面の上からのみの作業 ●基礎は傾いたまま、建物は水平に	400〜500万円	0.5〜0.75ヶ月	△ 被災前より少し悪い	有	○ 微調整できる	少ない	水位に関係なく施工可能	10cm程度	布基礎 べた基礎	基礎コンクリートを削り、鉄筋やアンカーボルトも切断、以前よりも基礎の性能は劣化	30%

※1 WASC調べ（2016年熊本地震液状化等26地での建て）
※2 参考文献 伊勢本昇・安達俊夫・小浜健 建物の液状化被害復旧工事の実態調査、2012.09、日本建築学会大会学術講演会梗概集（東海）
※3 上記4工法の施工については、単独もしくは併用による施工の場合があるが、数値は単独施工の場合（例：A+C、B+D）

作成・著作 WASC基礎地盤研究所 ／ 大阪府茨木市上中条2-5-37 すばるビル202 ／ TEL 072-625-3630 FAX 072-625-3631 ／ mail info@wasc-lab.jp

図 8.0.2 液状化で傾いた建物の修復方法と特長※10

8.1 土台下にジャッキを入れて持ち揚げる「土台揚げ工法」

(1) 施工概要

1980年ごろまでに建築された在来木造住宅は、現在に比べるとアンカーボルトが少なく短く、かつ無筋布基礎が多い。無筋布基礎は基礎ごとの持ち揚げが難しい。このような事情の場合、採用されている工法である。

施工手順通りに概要を述べる。

①アンカーボルトを基礎から解放してフリーにしなければ持ち揚げることができないが、外壁、内壁を壊して、アンカーボルトのナットを外そうとすると工事中住めない。このため基礎コンクリートをはつり、アンカーボルトを露出させて切断する（図8.1.1①、②、③）。

②土台下と基礎の空間にジャッキを挿入する（図8.1.1④）。

③上記②を建物の土台下全てに行った後、建物をジャッキで持ち揚げる（図8.1.2⑤）

④土台と基礎天端の隙間に鉄板を挿入する（図8.1.2⑥）。

⑤持ち上がって長さが足りなくなったアンカーボルトに鉄筋を添えて溶接（図8.1.2⑦）。その後、ジャッキを外す（図8.1.2⑧）。

⑥土台下に生じた隙間、斫った箇所に富配合モルタルを充填する（図8.1.2⑨）。

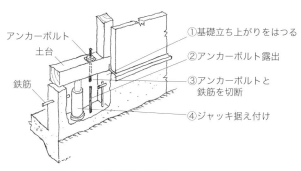

図 8.1.1　土台揚げの準備

8章　不同沈下している建物の修復

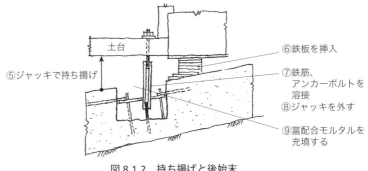

図 8.1.2　持ち揚げと後始末

(2) 本工法の長所と短所
- 長所：持ち揚げ費用が比較的安価
    　　　（延べ床面積 100 m² 程度なら持ち揚げ費用は 300 万円〜）
    　　：工期が短い（持ち揚げだけなら約 10 日程度）
- 短所：沈下原因を問わない工法であり、後日、再沈下の可能性がある
    　　：基礎コンクリート及び切断して継ぎ足したアンカーボルトの強度回復の不安（溶接の出来、不出来。モルタルの強度、充填具合）

8.2　基礎下の地盤に耐圧版を設置して持ち揚げる「耐圧版工法」

　基礎下に横穴（トンネル）を掘り、穴の底の地盤を反力に基礎ごと持ち揚げる工法であり、平時はもとより液状化被災地でも多く施工されている。

(1) 施工手順
　①建物の基礎下を壺掘り（外周を掘る間隔は 3 m 以内、床下へはトンネル掘削して進入（図 8.2.1）。
　②掘削底を均す ➡ 砂を敷く ➡ 厚い鉄板を敷く ➡ 鉄板の上にジャッキを設置（図 8.2.2）。この工程で鉄板の下に土のうを敷設すれば、持ち揚げやすく、かつ事後の再沈下をある程度抑えることができる（写真 8.2.1）。

③上記②を建物全体に実施する。
④ジャッキで建物を持ち揚げる。
⑤持ち揚げ終了 ➡ ジャッキの横に支持材を建て込む ➡ ジャッキを外す（図8.2.3）。
⑥支持材周辺を型枠で囲い、コンクリート（流動化処理土）を打設。
⑦べた基礎の耐圧版下に生じる隙間にスラリーを注入し、隙間が残らないようにする（図8.2.4）。これを怠れば横揺れしやすい住宅となる。

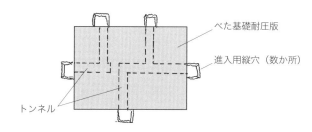

図8.2.1　床下地盤へのトンネル掘削例（平面略図）

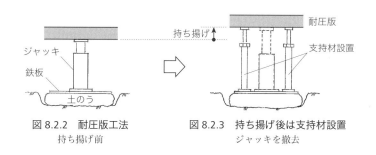

図8.2.2　耐圧版工法　持ち揚げ前　　図8.2.3　持ち揚げ後は支持材設置　ジャッキを撤去

写真8.2.1　土のうの上に鉄板を敷き持ち揚げた

8章　不同沈下している建物の修復　｜　161

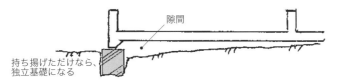

図 8.2.4　べた基礎耐圧版下に生じる隙間にスラリーを注入

(2) 本工法の長所と短所

・**長所**：工事費用 が比較的安価。
　　　　　（延べ床面積 100 m² なら持ち揚げ費用は 400 万円～）
　　　：工期が比較的短い（3 週間～）。
　　　：内外装の解体が不要であり、トータル費用、工期のメリットあり。
　　　：工事期間中、不便であるが住むことができる。
・**短所**：不同沈下の原因に関係なく行うことが多く、再び不同沈下する可能性がある。
　　　：GL － 1.5 m までに水位がある宅地では施工不可。

8.3　基礎横に打ち込んだ鋼管杭を反力として持ち揚げる「管内落下方法」

　前記の 2 つは持ち揚げた後、再沈下する可能性があるが、建物オーナーの事情と納得で実施している工法である。

　しかし、建物オーナー以外の関係者の判断、施工ミスで不同沈下した場合、再沈下は許されず、「絶対再沈下しない工法」でなければならない。

　このため、「建物を杭で支持できる方法が必要」と考え、アメリカから取り寄せた杭打ち機（p.134 写真 7.2.1(a)）で建物の基礎横に鋼管杭を打つ工法を開発し実施した（図 8.3.1）。しかし、その機械では深さ 10 m 程度までしか打設できず、支持層に到達できない現場があり、また打設時の騒音が大きかった。

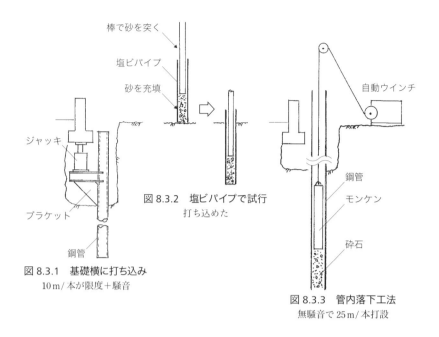

図 8.3.1　基礎横に打ち込み
10m/本が限度＋騒音

図 8.3.2　塩ビパイプで試行
打ち込めた

図 8.3.3　管内落下工法
無騒音で 25m/本打設

（1）管内落下杭打ち工法が完成した

　1979 年ごろ、文献で「ペデスタル杭」を知った。これを後輩に話したところ、「長さ1mぐらいに切断した塩ビの縦樋の底に砂を詰め、棒で砂を突いたら、塩ビ管自体を打ち込めた（図 8.3.2）」と後日、連絡があった。これで元気が出て鋼管杭で試行し、無騒音で打ち込めることを確認した。

　その後、開発を進め、「管内落下鋼管杭打ち工法」を後輩が完成させた（図 8.3.3）。この工法により室内でも 25m/本を無騒音で打設でき、以後、絶対再沈下しない修復工法となった。

―阪神淡路大震災の修復、復旧で役立った―

　阪神淡路大震災の被災地の多くは斜面の造成地であり、崩れた土砂の上で土台揚げ工法、耐圧版工法を施工しても、再沈下は間違いなく、そのような現場での修復に大いに役立った。また法尻に打設することで斜面崩壊抑制、工事用仮設道路の支柱等の緊急工事にも役立った。

（2）本工法の長所と短所

・**長所**：無騒音で長い鋼管杭が打設できる。

　　　　：不同沈下原因となった地盤の下層にある硬質地盤まで杭を打設するため再沈下しない。

・**短所**：施工費用が高額である（1000万円〜）。

　　　　：施工速度が遅い（打ち込み機1台で20m/日、このため1現場に2〜3台機械を設置して施工）。

　　　　：GL－1.0mまでに水位がある宅地では施工不可。

　　　　：室内施工のため一部の床を解体して施工、生活がしづらく、持ち揚げ後は、室内床の復旧が必要である。

　　　　：施工時に、管内の砕石にモンケンが落下する時の小さな振動が生じ、敏感な人なら感じる。

8.4　建物の重さを反力にして押し込んだ鋼管杭で持ち揚げる「アンダーピニング工法」

　少しぐらいの障害物があっても打ち込める管内落下工法は微振動が懸念点であった。それが「アンダーピニング工法」で解消できた。

　これは以前から大規模構造物で実施されていたものを住宅に応用した工法である。

　住宅の重さを反力として、短い鋼管杭を繋ぎながら設計深さ前後で、建物が持ち上がりかけた時まで押し込む工法（図8.4.1）であり、最後の押し込み力の1/3が許容支持力である。

（1）アンダーピニング工法の施工は泥んこ人力作業で危険と隣り合わせ

　この工法では建物下の地盤にトンネルを掘る（p.161 図8.2.1）が、住宅でべた基礎が多くなり、トンネル掘削がしやすくなったことが本工法を後押しした。

　泥んこになりながらのトンネル掘削（掘削 ➡ 搬出 ➡ 仮置き ➡ 埋め戻

し）は大変な作業である。

　掘削、押し込みはほぼ無騒音であるが、継ぎ手の多くは現場溶接であり、漏電による感電、溶接に伴う酸欠事故、突然の集中豪雨により、大量の雨水がトンネル内に流入したための大事故等が発生しており、安全対策が必須の工法である。

　また打撃力でなく自重による押し込み力だけであるため、地中に障害物があれば以深に押し込めず、短い杭となる。この場合の判断を誤った再沈下事故がある（図8.4.2）。

　押し込みを始めた頃はギア式ジャッキ（ジャーナルジャッキ）であり、そのハンドルを人が上下し、鋼管1本(0.5m)ごとに交代しながら押し込んだ。

　0.5m押し込むため250回ぐらいハンドルを上下し、腱鞘炎になりかけたことは忘れられない。その後、油圧ジャッキとなり、その当時の大変さはなくなった。

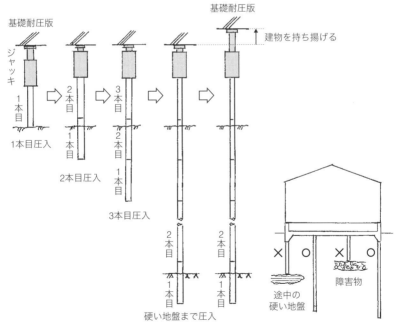

図 8.4.1　アンダーピニング工法の手順　　　図 8.4.2　圧入できない地盤

8章　不同沈下している建物の修復　　165

（2）本工法の長所と短所
　・長所：無振動、低騒音で施工ができる。
　　　　：再沈下の可能性が小さい（障害物がなければ）。
　　　　：住宅オーナーは、工事中、住み続けることができる。
　　　　：他工法に比べて、外部、内部の復旧が軽微である。
　・短所：工事費用が高額である（1000万円～）。
　　　　：地中障害物の対応を誤れば再沈下の可能性がある（図 8.4.2）（障害物や途中に硬い層が確認された宅地では採用しない方が良い）。
　　　　：p.162 図 8.2.4 と同じく、耐圧版下にできる隙間への充填を怠れば、横揺れしやすい住宅となる。
　　　　：GL － 1.5m までに水位がある宅地では施工不可。

8.5　耐圧版下の地盤に薬液を注入して持ち揚げる「注入工法」

　管内落下工法で持ち揚げていたころ、ある人から「注入で持ち揚げることができる」と教えられた。施工現場を見学させてもらい「掘削不要」とのことに魅力を感じた。数日後、再び見学に行くと、なんだか様子がおかしい。
　聞いてみると、前日の注入液が、近くの擁壁方向に流れ、水抜き穴から吐出した、とのこと。圧力をかけられている注入液が、土中の隙間を探して、たどり着いた場所が擁壁背面、と理解した。あちこちの水抜き穴に軍手が詰められており、この時点で擁壁背面の透水層は注入液で埋められており、排水機能が失せていた。建物の不同沈下修復工事をしていて、

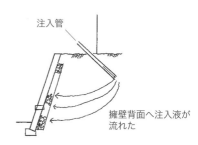

図 8.5.1　擁壁背面へ流れた注入液

近くの擁壁を危険にさらした状態であった（図8.5.1）。

この現場ではさらに排水管下の隙間から会所升の中に注入液が流入し、排水できない状態にもなっていた。

（1）注入工法を避けてきた

このことを目撃して以来、"注入液がどこに流れるかわからない薬液注入"で住宅を持ち揚げることはなるべく避けてきた。

しかし、近年は、薬液注入で不同沈下建物を持ち揚げる工法を得意としている会社が多い。これらの会社は以前筆者が目撃した注入ではなく、注入管から吐出した後の硬化時間（ゲルタイム）を操作しながら、的確に注入・持ち揚げを施工しているものと思う。ただし、液体を地盤中に注射する工法に変わりがないことから、新設擁壁の近くでは注入はしないことを勧める。

（2）本工法の長所と短所

- **長所**：べた基礎の建物は持ち揚げやすい（布基礎は持ち揚げにくい）。
      ：施工日数が短く、費用も他に比べて安価である。
- **短所**：不同沈下原因を突き止めておらず、かつ注入範囲、土質を把握していない現場では、再沈下していた。

8.6　安価な沈下修正の新機軸「モードセルアンカーボルト工法」

東日本大震災の被災地に40数日行き、その半分は千葉県の液状化被災地に行った。噴き出した砂の多さ、大きく傾いた電柱・住宅、前面道路も宅地も沈下し傾いた住宅、柱状改良・鋼管杭を施工していたが傾いた住宅などの被災状況に驚くばかりであった。しかし、日が経つにつれて、次第に"新築時の地盤対策による被害低減"に疑問が湧いた。

- 「柱状改良、鋼管杭の長さ不足。もっと長ければ傾かなかった」などの意

見があったが、それらは何れも結果論である。

・個人の資金で建築する住宅において、いつ発生するかわからず、人命が失われる可能性が少ない地盤の液状化に、多くの費用をかける人は少ないのではないか。

・平時は 5/1000 超の傾きで生活がしづらい。何かを備えることにより、5/1000 未満の傾斜に収めることができると断言できない

・5/1000 を超えれば持ち揚げが必要。故に事前の対策の有無に関係なく、液状化した場合、持ち揚げが必要となる。

・液状化対策は「新築時の地盤対策費用＋被災後の持ち揚げ費用」で考えるべきではないか。

・沈下した道路を元の高さに戻すことはないだろう。

・液状化で一気に数百棟が被災する。これを修復する業者数に限りがあり、順番を待っていると 1 年後となる。これを待てない被災者は実態不明の修復会社に仕事を依頼して不良工事で泣いている。

　このようなことから、いつ遭遇するかもしれない液状化に対して「一日も早く普通の生活に戻るために、傾いた住宅を容易に水平にできる仕掛けを新築時に装備しておくことも一つの方法」と考えるに至った。

　これが「モードセル工法*」である。

──モードセル工法──────

　本工法で大きな役目をしているモードセルアンカーボルト（以下、アンカーボルト）はアンカーパイプ、全ネジボルト、可動ナット、共回り防止ナットで構成しており、概要を図 8.6.1 に示す。

　M12、M16 の全ネジボルトは長さの半分ぐらいがアンカーパイプの中に収納されており、修復したい時は、収納部から引き出して固定する構造である。これにより、土台揚げ工法でありながら、アンカーボルトを切断することなく「新築時の強さを維持できる修復工法」である。

＊「モードセル」は WASC 基礎地盤研究所において商標登録済、モードセル工法は特許登録済、モードセルアンカーボルト及びモードセル工法は（一財）ベターリビングから評定、性能証明取得済である。

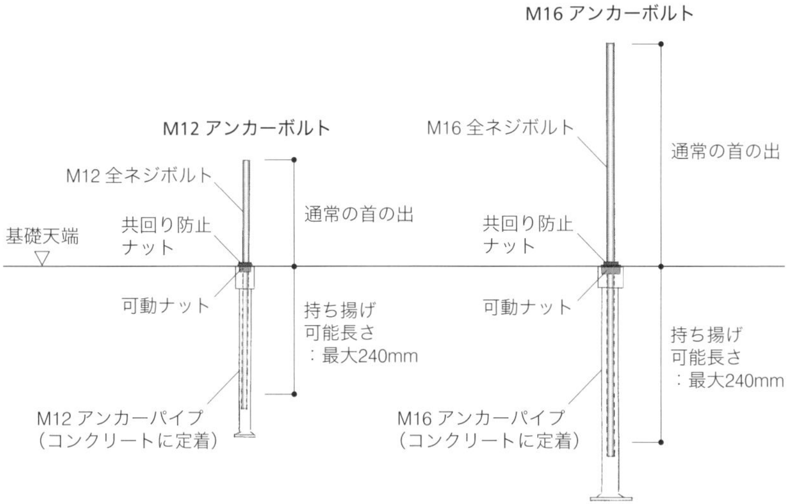

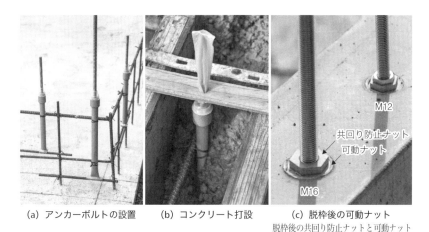

図 8.6.1　モードセルアンカーボルトの構成部材の概要

(a) アンカーボルトの設置　(b) コンクリート打設　(c) 脱枠後の可動ナット
脱枠後の共回り防止ナットと可動ナット

写真 8.6.1　新築時の施工の様子

新築時の施工の様子を写真 8.6.1 に示す。

このアンカーボルトを用いて新築し、その後、不同沈下した場合の持ち揚げから固定までの手順を図 8.6.2 に示す。

―持ち揚げ可能高さ―――――

持ち揚げ可能な高さは図 8.6.1 に示す通り 240 mm である。

8 章　不同沈下している建物の修復　｜　169

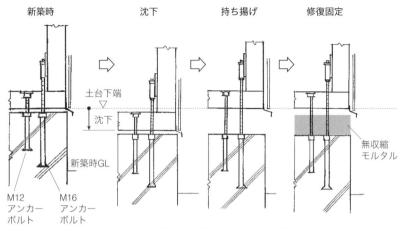

図 8.6.2　新築時から持ち揚げ、修復の概要

2016年4月に発生した熊本地震の液状化被災地で翌年9月まで18ヶ月間、ボランティアで戸別の被災調査、修復方法提案等を行った。ここで初めて液状化被災の実態を知り、その内容を「2016年熊本地震活動の記録」[文10]にまとめた。その中で測量した42棟の最大不陸量を表8.6.1に示す。

表 8.6.1　不同沈下による最大不陸量

最大不陸量（mm）	240〜	100〜239	〜99
割合（%）	17	55	28

全てアンカーボルトを装備していたなら、83%の被災建物が、容易に安価に、新築時の強さを損なうことなく水平にできたと読み取れる。

―特徴―
- 長所：建物の元の強さを損なうことなく、容易に安価に水平にできる。
  　　：地盤対応費用（＝新築時の設置費用＋持ち揚げ費用）は、他の工法より安価である[文41]。
- 短所：液状化による不同沈下防止でなく、被災後の修復工法であることから「建築主にお勧めできない工法」と捉えられ、なかなか興味を示していただけない。

9章 自然災害時の不同沈下対策

　筆者は宮城県沖地震（1978年）で被災した建物の復旧に当たったが、これが自然災害との初めての関わりであった。それ以来、幾度となく災害の被災地に行き復旧に当たっているうちに、被災地の中に被害が小さい住宅があることに気がつき、「隣なのになぜ被害が小さいのか」素朴な疑問が湧いた。

　それ以来、被災地では被害が小さい建物も探すようにし、宅地の立地、あるいは建物の構造のいずれかにより、被害が小さかったこと、さらに地震や集中豪雨を見越して対策を実施したものではなく、たまたま運が良かった結果であることが次第にわかってきた。その運こそ大事であり、教訓とすべきであると思うようになった。このことから、先に述べた「自然災害の恐れがある場所の見分けかた、地名を知れば減災への備えができる」等の内容とダブらない "運を呼ぶための備え、心構え" を述べる。

9.1 「運」を味方に地震・豪雨時の減災対策

・新築前に実施した地盤性状が変化することはない
・新築時に設定した地盤標高が変化することはない
・新築時の地盤が基礎下にあり続ける（なくなることはない）

　これが現在の住宅地盤への考えかたであり、これらを前提にして、地盤の支持力度、粘着力、内部摩擦角等を用いて新築時の地盤の強さを計算し、建物を支持できるように設計している。

　すなわち、地震や豪雨による地盤の緩み、崩れ、上下、左右方向への動きなどは考慮しなくてよく、宅地の地盤調査結果をどのように判断するかは自由である。このことから、現在多く実施されている地盤補強工法のほぼ全てが適用可であり、その中から「安価な工法」が実施されることが多い。

9章　自然災害時の不同沈下対策　171

地盤判断と補強工法はこのような経緯で決められており、上記 3 点が発生しなければ長く安全に住め、上記 3 点のいずれかが運悪く発生した場合には大きな被害を被っている。

(1) 宅地の立地場所が運の分かれ目

被災するか否かは宅地の立地(場所)と構造にかかっている。そのためまず、主だった自然災害と立地による被災の大小を述べた表 9.1.1 を再度示す。

我々が住んでいる場所のほとんどに被災の可能性を示す◎、○がついており、安心できる場所は少ない。しかし、被災地を歩き、被災地の中で被災の有無がはっきり分かれていることに気がついた。

1) 津波被災、浸水被災での分かれ目

東日本大震災の津波被災地に 20 数回行った。初めのうちは驚きばかりであったが、回を重ねると落ち着き、被災した住宅の奥に被災していない住宅があることに気がつき、その境には目に見えない線があり、その線は概ね水平線であることに気がついた（写真 9.1.1）。

国土地理院ホームページに掲載されている「自然災害伝承碑」の中には「ここまで浸水した（位置）」「この碑の高さまで浸水した」と具体的に被害

表 9.1.1　宅地の立地による被災の可能性

地盤	地形	被る自然災害							
		斜面崩れ	湧水	沈下	液状化	浸水	擁壁倒壊	コンクリートブロック塀倒壊	津波
沖積地盤	後背湿地		○	◎	◎	◎	○	○	
	近年の埋め立て地			◎	◎	◎		○	◎
	古い埋め立て地			○	◎	◎		○	◎
	旧河道		◎	◎	◎	◎	○	○	
洪積地盤	扇状地	○		○	○	◎			
	斜面造成地	◎	◎	◎			◎	○	
	河岸段丘	○							
	山裾集落地	◎	◎	○			○	○	
河川の合流場所(図の○印)						◎			

注）◎：被災の可能性が大きい　　○：被災の可能性がある

172　　Ⅲ部　平時・災害時の不同沈下対策

写真 9.1.1　津波被災地で見た境の線

を刻んでいるものがある。

　これらから、「水」による自然災害（津波、浸水等）から被害を免れる宅地は「標高」であり、具体的には次のように考えている。

・近くの堤防より標高が高い宅地
・近くの神社、祠より標高が高い宅地（p.89 参照）
・自然災害伝承碑の場所から離れた少し標高が高い宅地

　皆目見当がつかないときは偶然の運に助けられることがあるが、あくまでも偶然であり再現性がない。それよりも近隣の過去の災害に気がつき、自分なりに気がついたことを実行することによって再現性がある必然の運を得ることができる。津波記念碑や自然災害伝承碑はそのためのランドマークである。

2）平坦地、微傾斜地での運の分かれ目

イ）平坦地の場合の運の分かれ目

　この場合の平時の不同沈下については p.101 図 6.3.3 で述べた通りであり、住宅地の中央付近の宅地は案外、不同沈下せず、そのまま沈下していることが多い。これに比べて住宅地の端の宅地は中央方向へ向かって不同沈下することが多い。できるだけ外周、端は避けた方が良い。

ロ）緩い丘陵地の場合の運の分かれ目

　土砂災害のほとんどは「土砂崩れ」である。住宅地の中央付近の宅地は四方が土砂で囲まれているので、崩れようがないが、端の宅地は片側に地

盤がないため、動きやすい。これが豪雨、地震時の宅地の土砂崩れである。この後示す事故現場は全て「端の宅地」である。

ひな壇住宅地での土砂災害の危険度の違いを図 9.1.1、図 9.1.2 に示す。

「眺望が良い（海が見える、花火が見える等）」「将来、前方に建築されることがない」などの理由で、端の宅地は好まれる。

しかし、平時、自然災害時に大きく被災するリスクを持った立地であることを理解して造成し、住宅会社、設計者等はリスクが存在するか否かを検討して、リスクに備えた地盤補強を実施しておくことが重要である。

図 9.1.1、図 9.1.2 に示すひな壇宅地の土砂災害程度の違いを下に示す（図 9.1.3）。

図 9.1.1　外周に道路があるひな壇住宅地

図 9.1.2　外周に道路がないひな壇住宅地

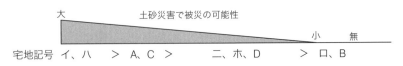

図 9.1.3　ひな壇宅地の土砂災害程度の違い

(2) 構造による運の分かれ目
1) 擁壁の種類による運の分かれ目

擁壁には壁面が垂直の物と斜めの物がある。壁面が垂直の物は RC 造 L 型擁壁が多い。これに対して斜めの物は、間知ブロックや石を積み重ねた壁面であり、背面をコンクリートで一体化している練積み擁壁と間知ブロックや石を積み重ねただけの空積み擁壁がある。

これら擁壁の内、RC 造 L 型擁壁、練積み擁壁は宅造規制法施行令[文42]で定められた擁壁であり、空積み擁壁はかなり以前に作られた既存不適格擁壁が多い（図 9.1.4(c)）。

RC 造 L 型擁壁、練積み擁壁は構造自体に問題はないが、前者が自立擁壁、後者がもたれ擁壁であり、特徴が次の通り大きく異なる。

- **自立擁壁**：硬い地盤であれば自立し倒れず、底板の上に土を載せることで安定性が増す(図9.1.5)。底版のつま先側の地盤が少し崩れた程度では倒壊しない（図9.1.6）。
- **もたれ擁壁**：背面からの土圧（主働土圧）、つま先地盤の抵抗（受働土圧）の双方が作用しなければ動く（図9.1.7）。既製ブロックを用いた間知ブロック練積み擁壁が多い。

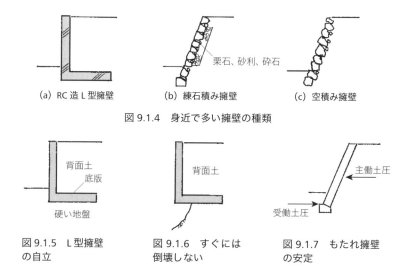

(a) RC 造 L 型擁壁　　(b) 練石積み擁壁　　(c) 空積み擁壁

図 9.1.4　身近で多い擁壁の種類

図 9.1.5　L 型擁壁の自立

図 9.1.6　すぐには倒壊しない

図 9.1.7　もたれ擁壁の安定

2）間知ブロック練積み擁壁の方が被災していることが多い

RC造L型擁壁の形状は計算によって設定できる。しかし、間知ブロック擁壁は計算での設定が難しいため、宅造規制法施行令8条別表第4で形状が定められ、それを掲載した文献[x 43]を参考に図9.1.8、表9.1.2を示す。

背面が盛土であれば切土より厚い断面となり、地上高さが高くなると断面寸法（コンクリート壁面、透水材）も大きく規定されている。

イ）間知ブロック練積み擁壁は足元地盤が命

この擁壁の場合、足元の地盤がなくなると一瞬で倒れる（図9.1.9）。

事故現場には間知ブロック擁壁宅地での土砂崩れが多い。これは絶対数

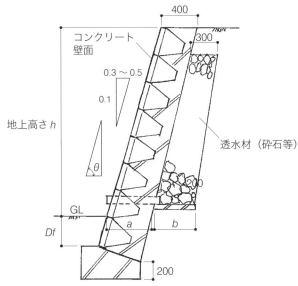

図9.1.8　間知ブロック擁壁断面図

表9.1.2　間知ブロック擁壁の断面寸法

地上高さ h	背面土質 θ（勾配）	盛土 (mm) a	b	D_f	切土 (mm) a	b	D_f
2m	75°以下	500	600	350	500	300	350
3m	70°以下	600	600	450	600	300	450
4m	70°以下	750	800	600	750	300	600
5m	65°以下	800	1,000	750	800	1,000	750

注：断面寸法は全て最小値である。

が多いためでなく、擁壁自体の構造によるものと考えている。すなわち、擁壁のつま先地盤が崩れたために受働土圧がなくなり、滑り出しているからであり、増水による事故の形態を図9.1.10に示す。

宅地のもたれ擁壁が川や池に面している場合、「自然災害時につま先地盤が洗堀されて崩れる」と考えた地盤補強を勧める。

ロ）増し積みした間知練積み擁壁は危ない

もたれている斜め分だけ、宅地の有効面積が狭い。これを補うため頂部を改造している擁壁があり、増積み擁壁と呼ばれている（図9.1.11）。

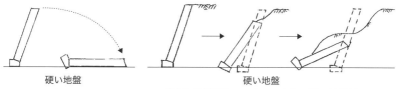

図 9.1.9　間知ブロック練積み擁壁の挙動

図 9.1.10　増水によるもたれ擁壁の崩壊例

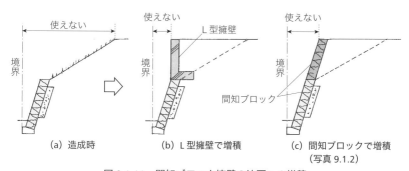

図 9.1.11　間知ブロック擁壁の法肩への増積

地上高さhによりコンクリート壁面厚さa、透水材の厚さb、根入れ深さD_fが決められている（図9.1.8）。高さを増すならa、b、D_fも増さなければならないが、造成後は施工不可能。よって次のように土圧P_hだけが大きくなり危険性が高まっている。

土圧を下記のクーロンの土圧公式で算定してみる。

$P_h = \frac{1}{2} \times \gamma \times H \times K_a$ (kN/m)

　　ここで、 γ：擁壁背面土の単位体積重量
　　　　　　　　　（宅造規制法施行令別表2から17 kN/m³）
　　　　　　H：擁壁の総高さ（m）
　　　　　　K_a：土圧係数（宅造規制法施行令別表2から0.4）

2 mの擁壁に1 m増積した場合の土圧

・元（2 m）の土圧　$Ph = \frac{1}{2} \times 2^2 \times (\gamma \times K_a) = 2 \cdot \gamma \cdot K_a$

・1 m増積の土圧　$Ph' = \frac{1}{2} \times 3^2 \times (\gamma \times K_a) = 4.5 \cdot \gamma \cdot K_a$

$\frac{Ph'}{Ph} = 2.25$（←高さを1 m増すと土圧が2.25倍になる）

平時は何とか持ちこたえているが、自然災害時には被災している。

写真9.1.2　間知ブロックで増積した箇所が地震で離れて崩れかかっている

（3）基礎の種類による運の分かれ目

建物の柱の支持は「掘立て柱」から始まり、その後、礎石 ➡ 石置き土台 ➡ 無筋布基礎（石積、レンガ積、コンクリート）となったようだ。

関東大震災を契機にアンカーボルトでの緊結が始まり、鉄筋コンクリー

ト布基礎が普及し、今は鉄筋コンクリート布基礎、べた基礎のいずれかで施工されている。

1）べた基礎は自然災害に強い

宮城県沖地震以降の大きな地震による被災地において、長方形平面の布基礎が変形している現場をいくつも見た（図9.1.12）。

傾いた住宅をもち揚げて水平にするのは難しくないが、出隅、入隅が直角でなくなった住宅を直角に直すのは難しい。このため、変形したままで持ち揚げざるを得なかった。

その後、べた基礎が増え、また床下に土間コンクリートを施工した布基礎が増えた。これにより、平面変形を防止できており、「自然災害に強い住宅基礎」となっている（図9.1.13）。

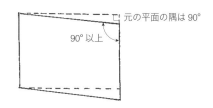

図 9.1.12　平面変形した住宅の平面形状

図 9.1.13　矩形変形を防げる基礎

2）べた基礎は命と家財を守った

斜面上の宅地で土砂崩れがあり、鋼管杭だけが住宅を支えて倒壊を防いでいた。この建物は布基礎であり、防湿土間コンクリートが施工されていなかったため、束石が崩落し、大引きがたわみ、床下収納庫がぶら下がっていた（図9.1.14）。

この現場の鋼管杭は回転貫入でなく、打ち込み式の鋼管杭であった。もし20数本の鋼管杭の内、数本が支持力不足であれば、住宅はバランスを失

9章　自然災害時の不同沈下対策

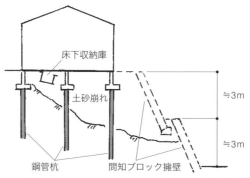

図 9.1.14 住宅下の土砂が全てなくなったが鋼管杭が倒壊を防いだ

い、斜面下の道路に落下、道路そばの住宅にまで害を及ぼしていたはずである。それを免れ、最長 4 m 程度むき出しで建物を支持している杭に心を打たれ、住宅地盤補強の王者「鋼管杭」の雄姿を見た。

　幸いこの住宅では、崩れる前に避難していたが、避難が遅れると人命を失いかねず、大事な家財道具すら持ち出せない。

　べた基礎、あるいは布基礎の防湿土間コンクリート＋鋼管杭は住んでいる人の命と家財をぎりぎりのところで守っている。

(4) 地盤補強方法による運の分かれ目
1) 鋼管杭は命と家財を守った

　近年は地震や豪雨によって宅地の端の斜面が崩れていることが多い。

　この中に、斜面は崩れたが、鋼管杭が建物を支え、倒壊、崩落を防いでいる光景をたびたび見てきた。また洪水によって宅地の土砂が流されたが鋼管杭を施工していたため倒壊を免れた住宅も見てきた。

　それらの被災写真は手元に多くあるが、許諾をいただいておらず、かつ被災された方々の気持ちを鑑みれば掲載できない。よって被災状況の一部を説明しながら図で示す。

　イ）濁流で宅地の一画が流されたが……

　川に面した土地に盛土し、間知ブロック擁壁を新設して建てた住宅。

　ある時、豪雨で急激に川が増水し、足元が洗掘されて擁壁が崩れ、住宅

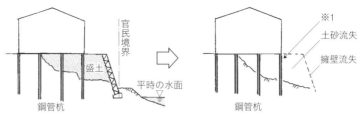

図 9.1.15　豪雨で宅地の擁壁が流された

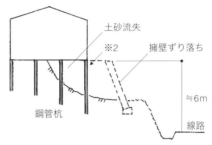

図 9.1.16　豪雨で擁壁がずれ落ちた宅地

の床下地盤とともに流失した。しかし鋼管杭を施工していたため、住宅の倒壊、流失は免れた。後日、洪水が個人所有の擁壁を倒壊させたと、河川管理者が復旧工事を行った。川に面した列（図 9.1.15 ※ 1）の中には杭頭が基礎から外れた鋼管杭もあった。

　ロ）豪雨で間知ブロック擁壁がずれ落ちたが……

　大規模住宅地の端の宅地であり、GL － 6 m 下には線路があった。

　豪雨により間知ブロック擁壁の背面に水が一気に増え、かつ擁壁の足元地盤の緩みが重なり、擁壁が足元からずり落ちた。これにより宅地の土砂が崩れたが、住宅に鋼管杭が施工されていたため倒壊を免れた。

　鋼管杭（図 9.1.16 ※ 2）の中には、杭頭が基礎から外れそうなものがあった。

　ハ）地震の液状化で宅地と前面道路が 0.6 m 沈下したが……

　熊本地震被災地で鋼管杭の抜け上がり（地盤が沈下したため基礎や杭が露出した状況）が多く、その中で宅地と道路が約 0.6 m 沈下した住宅があった（図 9.1.17）。道路の高さが元に戻されるとは考えられず、宅地周囲に地上高さ 0.6 m 程度の擁壁が必要になり、スロープや階段も必要となった。

9 章　自然災害時の不同沈下対策　　181

液状化対策の一つである鋼管杭であるが、万全の対策工ではない。

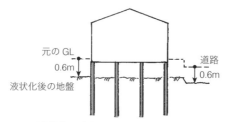

図 9.1.17　液状化で宅地が大きく沈下し抜け上がりが発生した

ニ）地震で宅地の一部が石垣とともに 1.2 m 沈下したが……

大規模な地震で宅地が 1.2 m 沈下し、間知ブロック擁壁も沈下して道路下へもぐりこんだ。住宅の不陸量は 10 mm 程度であったが、擁壁側へ移動し、※3 の杭頭が擁壁側に曲がっていた（図 9.1.18）。

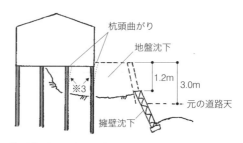

図 9.1.18　杭が曲がりながら住宅を支えた

2）その他の地盤補強工法を見ることは少ない

1978 年の宮城県沖地震以来、多くの被災地を見てきたが、被災住宅の下の地盤補強を確認できたことは稀である。その稀なものは柱状改良が数件であるが、建物は少し不同沈下していた。

それ以外にも多くの住宅で地盤補強が実施されているはずだが、目視できなかったため地盤ととも沈下したと推測せざるを得ない。今実施されている地盤補強工法は鋼管杭を含めて地盤の変質、移動を考慮しておらず、この結果は当然と思うが、鋼管杭だけは変質、移動に耐える想定外の性能をもっている。

(5) 杭の外れを止める「クイットメル工法」で運を呼び込む

宅地の法面が崩れた被災現場（図 9.1.15、9.1.16）では鋼管杭だけで住宅を支えられていた。しかし、外周の鋼管杭の中には基礎から外れているものがあり、「外れない鋼管杭」を開発した。それは鋼管杭の頭部に専用金具を取り付け、その金具をブレースで繋ぐものである。外れを食い止めることから「クイットメル」工法と命名した（写真 9.1.3）。開発以来数年経過するが、数棟しか実績がない。モードセル工法と同じく、「自然災害からの減災」というキャッチフレーズは興味を示してもらうのが難しい。

写真 9.1.3　クイットメル工法の施工

9.2　戸建て住宅での液状化対策

筆者は『建築技術』1974 年 6 月号[文44]で初めて地盤の液状化を知り、1185 年 8 月 13 日の近江、美濃、山城、大和の地震から 1843 年 4 月 24 日の根室、釧路地震までの 120 回の液状化発生場所と口碑伝承による被災状況が記載されていて驚いた。それ以来、その本を大事にし、今も手元にある。

新潟地震（1964 年）で大規模な液状化現象が生じたことを契機に液状化の研究が始まっている。近年は液状化するか否かの判断ができるようになり、ハザードマップで示されている。

阪神淡路大震災（1995 年）でも海の埋め立て地で液状化による被害が生じていたが、なぜか世間に伝わらなかった。東日本大震災（2011 年）では液状化被害が大きく報道された。

東日本大震災の液状化被災地にもたびたび行き、地盤、修復のことで何か手助けしたいと思っていても、赤の他人の筆者を信用してもらえず、運

よく話ができたのは数人にすぎない。それゆえに大雑把な現象だけで液状化被害を受け止めていた。

この原稿を書いている2024年1月1日、またもや能登半島地震が発生し広い範囲が被災した。当面、奥能登の被災地には入れないと思い、金沢市に近い内灘町の液状化被災地に足を運んだ。ここでは今まで見たことのない道路や宅地の隆起、蛇行、0.5m程度の移動等の被害が発生しており、途方に暮れている被災者の方々と話すことができた。

地震の度に今まで見たことがない被害が発生しており、液状化への備えが容易でないことを思い知らされるが、本稿では今まで知り得たことを元に液状化への備えを述べる。

(1) 熊本地震の液状化被災地で知った実態

熊本地震の液状化被災では、地元に居た友人の応援により地元自治会に信用していただくことができた。このおかげで18ヶ月間にわたって被災者の支援活動（無料相談会、測量、修復方法への助言等）を続けることができた（写真9.2.1）。

この活動によって「被災程度の実態」「一住民の気持ち」「それに対する行政の支援」「修復（持ち揚げ）工事の実態」等を生々しく知ることができた。これらを通じて市民の関心ごとは「自宅がどれほど傾くか」であり、地域地盤の液状化は二の次であることも知った。

地震発生から約1年半の間に知った52棟の実態を正確に残すため『2016年　熊本地震活動の記録』[文10]としてまとめた。ここでは被災された方々の心情を鑑み、傾いた建物の写真は極力載せていない。

写真9.2.1　無料相談会に来場された被災者の方々

1）建物と被害の概要

建物概要を図9.2.1、被害概要を図9.2.2に示す。

"木造、2階建て、住宅、地盤調

査なし、地盤補強なし"が多かった。

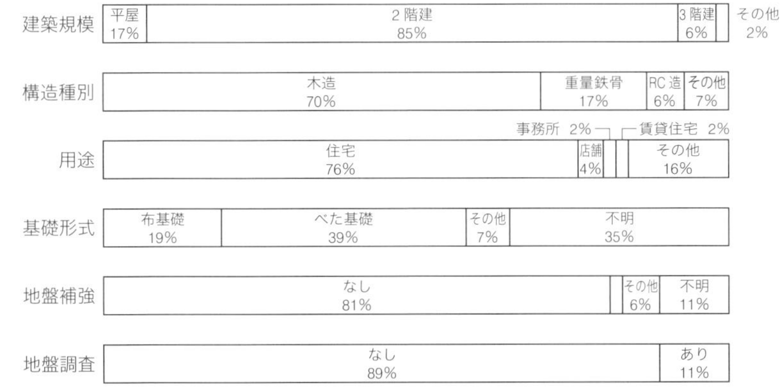

| 建築規模 | 平屋 17% | 2階建 85% | 3階建 6% | その他 2% |

| 構造種別 | 木造 70% | 重量鉄骨 17% | RC造 6% | その他 7% |

| 用途 | 住宅 76% | 店舗 4% | 事務所 2% / 賃貸住宅 2% / その他 16% |

| 基礎形式 | 布基礎 19% | べた基礎 39% | その他 7% | 不明 35% |

| 地盤補強 | なし 81% | その他 6% | 不明 11% |

| 地盤調査 | なし 89% | あり 11% |

図 9.2.1　被災建物の概要

"道路と反対側へ 101～200 mm 不陸、最大傾斜角は 16.8～50/1000" が多かった。

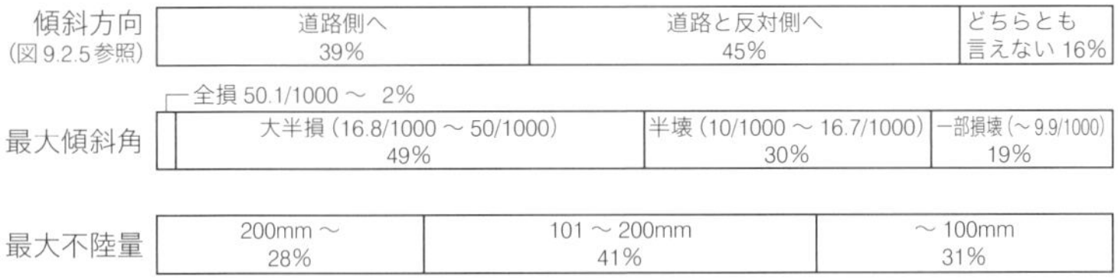

| 傾斜方向 (図9.2.5参照) | 道路側へ 39% | 道路と反対側へ 45% | どちらとも言えない 16% |

| 最大傾斜角 | 全損 50.1/1000～ 2% | 大半損 (16.8/1000～50/1000) 49% | 半壊 (10/1000～16.7/1000) 30% | 一部損壊 (～9.9/1000) 19% |

| 最大不陸量 | 200mm～ 28% | 101～200mm 41% | ～100mm 31% |

図 9.2.2　被害の概要

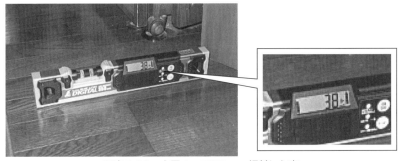

写真 9.2.2　水平 1 m で 38 mm 傾斜した床
これを 38/1000 と呼んでいる（デジタル水平器の測定による）

9 章　自然災害時の不同沈下対策 | 185

2) 被災建物、被災地盤で実感したこと

　熊本平野の液状化ハザードマップでは、液状化発生の危険性が大きい地域（赤あるいは濃い赤色）であったにも関わらず、大部分では顕著な液状化被害は発生せず、ある地域に圧倒的多数の被害が生じていた。「なぜこの地域に集中した」への明確な理由は未だ把握できておらず、推測で現在に至っている。その他にも「なぜ」と、「なるほど」と思う現象を体験し、今まで聞いていなかった被災の一部を次の通り知った。

　イ）液状化による傾きの中には平時の不同沈下の約10倍のものも

① 調査した52棟のうち、不陸量が最も大きかった建物は311mm、傾斜角が最も大きかった建物は146/1000（水平距離1m当たり146mm傾斜）であった（図9.2.3）。

② 多くは不陸量〜200mm、傾斜角16.8〜50/1000であり、室内を歩けず、座れない傾斜であった(品確法の参考値：最大傾斜角は6/1000〜)

③ 壁が多い建物では建ち*と床の傾斜がほぼ同じであり、基礎を持ち揚

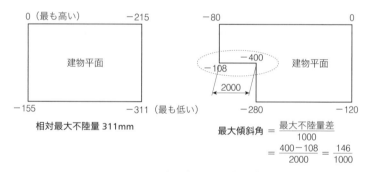

図9.2.3　最大不陸量　最大傾斜角

 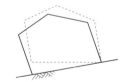

(a) 修復しやすいのは壁が多い建物　　(b) 修復しにくいのは壁が少ない建物

図9.2.4　壁の多少による修復の可否

＊建ち：建築物の垂直方向を言う言葉で、建築物が垂直でない時、「建ちが悪い」と言う。

げた場合、壁、柱をほぼ真っすぐに修復できる（図9.2.4(a)）。

これに対して壁が少ない在来木造建物では床の傾斜と柱の傾斜が異なり、修復が難しい（図9.2.4(b)）。このような建物は経験豊富な「曳家会社」による修復が必須である（p.156 図8.0.1参照）。

④不陸量、傾斜角の大小の建物は、建物構造種別、地域等に関わらず、点在していた。

ロ）道路と反対側に傾いている建物が多かった

平時の不同沈下においても道路と反対方向へ傾くことが多いが、液状化被災地でも道路と反対方向へ傾いている建物を阪神淡路大震災以降、多く見てきた。熊本の被災地で調査した52棟でまとめたところ、「道路と反対方向45％＞道路方向39％」であり、道路と反対側へ傾いているのが若干多いことを確認できた（図9.2.2）。平時の不同沈下方向について触れている文献は見当たらず、平時の不同沈下と同じ原因と考えている（図9.2.5）。

道路と反対方向へ傾いている住宅の被災者から「避難所から戻って自宅で生活したいが下水が逆勾配になって排水できないから自宅に戻れない」と、不便さを訴えられた。

以前から「なぜ道路と反対側に傾く」と疑問を持っていただけであったが、道路と反対側へ傾くことが生活再建を妨げていることを初めて知り、道路側へ傾くことも減災であり、そのための設計、施工の必要性を痛感した。

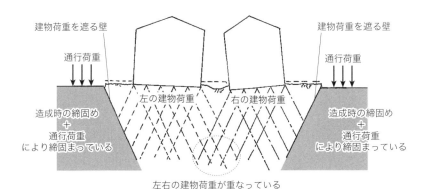

図9.2.5　道路と反対側に傾く理由

ハ）新築時の地盤補強の効果はなかった

築10年程度の建物の中には木杭、鋼管杭、柱状改良の地盤補強をしている建物があり、各々の特徴を如実に示す状況であった。

①木杭

現在多用されている木杭ではなく、当時の建築会社の判断で＋αの補強として長さ2m（オーナー談）が施工されていた。この建物は付近と同じ程度の傾きと傾斜であり、木杭による抑制効果は認められなかった。

②鋼管杭

直径114.3mm（以下、太い杭）、50mm程度（以下、細い杭）の2種類の鋼管杭の建物があった。

・太い杭

調査範囲から外れた熊本市郊外でも認められた。深部の非液状化層の硬い地盤を支持層としており、建物に不陸は認められなかったが、大きな抜け上がりが生じていた（図9.2.6(a)）。

建物が傾いていないので、見た目には「大成功」と思えるが、抜け上がり量と同じだけ宅地が沈下し、前面道路も沈下している。地震前は宅地から道路が≒0.2mの高低差であったが、0.8m近くの高低差とな

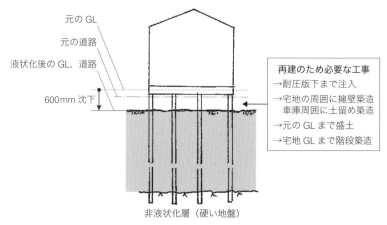

図9.2.6(a)　太く長い鋼管杭の建物は抜け上がっていた

っていた。

道路の高さが元に戻されるとは考えられず、擁壁、駐車場、玄関への階段などを新設しなければならない。さらに、建物が傾いていないので生活再建支援金を受給できない。これらのことを考えると「鋼管杭で万全」ではないことを痛感した。

・細い杭

φ50mm、長さ3m程度の鋼管を狭い間隔で打ち込んでいた。新築時のSWS試験柱状図と照合したところ、3m程度深部には少し硬い層があり、その下は緩く、非液状化層の硬い地盤まで打ち込んでいなかった。要するに周面摩擦力に依存する杭であり、地盤の液状化によって一瞬、周面摩擦力が0（ゼロ）となり、宅地と杭がともに沈下していたものである（図9.2.6(b)）。もちろん建物は周囲の建物と同じくらい沈下、不同沈下していた。

③柱状改良

ある建物の修復工事にとりかかったところ、柱状改良体が出てきた。この建物は約100mm不陸が発生していたが、宅地とともに改良体も沈下していたため、抜け上がりが生じていなかった。このため被災調査時、柱状改良体に気がつかなかった。改良体の長さは3m/本とのことであり、改良体先端より深部の地盤が液状化したものである（図9.2.6(c)）。

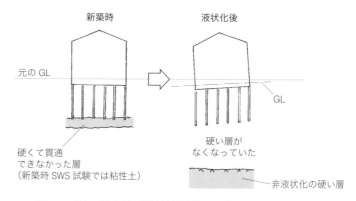

図9.2.6(b)　細く短い鋼管杭は建物ごと沈下していた

9章　自然災害時の不同沈下対策　189

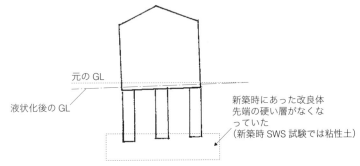

図 9.2.6(c)　柱状改良の場合は建物と一緒に沈下

表 9.2.1　新築時地盤補強と被災、修復費用の比較

	物件	A邸	B邸	C邸
新築時の地盤改良	有無	なし	あり	あり
	工法	（ベタ基礎）	小口径鋼管杭 （杭長5m本×100本超） 中間層の周面摩擦に依存	小口径鋼管杭 （杭長9m本×40本） 先端地盤の支持力に依存
	概算費用①（万円）	0	100	300
液状化による不同沈下	有無	あり	あり	ほぼなし
	被災程度	・不同沈下量：90mm ・罹災区分：大規模半壊 ・傾斜角：17/1,000以上	・不同沈下量：160mm ・罹災区分：大規模半壊 ・傾斜角：17/1,000以上	―
	水平化修復工法	耐圧版工法	鋼管杭によるアンダーピニング工法 既存鋼管杭の頭部除去費用分が割高	水平化工事不要 抜け上がり150mmの空間への充填が必要
	概算費用②（万円）	400	600	―
	隙間への注入 概算費用③（万円）	―	―	200
	その他 概算費用④（万円） （給排水等）	30	30	300
生活再建支援金⑤（万円）		150	150	0
生涯の地盤対策費用 ①+②+③+④-⑤（万円）		0 + 400 + 0 + 30 - 150 = 280	100 + 600 + 0 + 30 - 150 = 580	300 + 0 + 200 + 300 - 0 = 800
地震後の被害模式図		元のGL 液状化層 （非液状化層不明）	液状化層 非液状化層	深部まで地盤調査でき、硬い地盤を支持層と判断、その層が非液状化層であった。このため、地盤は沈下したが、建物は不動沈下しなかった。 液状化層 非液状化層
結果		最も出費が少ない 修復工法、業者によって、悲惨な建物になる可能性あり	新築時の杭は全く役に立たず、修復費用も割高になる 局面摩擦力に大きく依存する地盤改良工法は、平時（長期）用であり、液状化発生時には不同沈下する	絶対標高が変わらないので、上記以外にも費用を要する 先端支持力に依存する杭の場合、抜け上がりは避けられない また、杭長15〜20m必要となった場合、それだけの費用を掛けられる人は少ない

190　Ⅲ部　平時・災害時の不同沈下対策

ニ）地盤補強工法と被災、修復費用で驚きの事実

新築時に平時用の地盤対策をしていた建物も被災しており、元の生活に戻るために修復工事が行われた。この修復工事費用とともに新築時の地盤補強費用の資料を被災された方からいただくことができ、これに基づいて新築時の地盤対策費と被災による修復費を地盤対策工法で比較し表9.2.1に示す。

表9.2.1は「新築時費用＋修復費用＝生涯地盤対策費」としてまとめた。

新築時に最も高額な地盤補強（深部までの鋼管杭）を行っていたC邸は建物が不同沈下していなかったため、生活再建支援金を受給できず、生涯地盤対策費用も最大であった。

液状化で宅地と道路が沈下しているのは3邸とも同じであるが、

・A、B邸は低くなった標高の宅地、道路で生活するはず

・C邸は宅地の標高を元に戻して生活せざるを得ない

この違いが費用の違いの大きな原因であり、A邸が地震までは不同沈下していなかったことを考えれば、無対策（A邸）も液状化対策と言える。

近年、頻発している線状降水帯発生による豪雨により、内水氾濫、浸水による被害が急増している。液状化被災地域は地盤の標高が低くなっており内水氾濫による浸水被害が生じやすい。この時、建物の標高が元のままのC邸は浸水しにくいが、A、B邸は浸水しやすくなっている。

ホ）液状化した場合も、べた基礎は役立つ

調査範囲には古い木造建物が多く、そのため無筋コンクリート造布基礎が多かった。

布基礎の場合、束、束石で床を支えているが、液状化で宅地が沈下した場合、布基礎と束石の沈下量が同じでない。このため建具が開閉不能になっていた（写真9.2.3）。

べた基礎建物も沈下するが、建物全体が一様に傾くた

写真9.2.3　束石が沈下せず、敷居が曲がり動かせないフスマ

め、なんとか生活できていることがある。液状化に限らず斜面の崩壊時も、べた基礎は家財を守れた（p.179 1)、2)参照）。これらのことから、べた基礎は自然災害に対する減災対策の一つと言える。

へ）液状化ハザードマップで一喜一憂しないのが良い

2016年の熊本市液状化ハザードマップの一部と熊本地震で液状化した地域、WASCが調査した地域を図9.2.7に示す。

この液状化発生地点で約2900戸被災し、そのうちWASC調査地点（南区近見、日吉、川尻）は東西100m、南北5kmの狭い範囲に1300戸かつ大規模に被災していた[文45]。

南北に長いことから液状化の帯と言われ、当初は「旧河道」跡であると推測された。しかし、詳しく調べた結果、旧河道説は該当しないことがわかり、次に浮上した「旧薩摩街道添いの水路」説も該当せず、未だこの地域に集中した原因は明らかにされていない。

このようなことから液状化ハザードマップは土質工学の観点から診た目安ぐらいに（沖積平野なら液状化の可能性がある）軽く思っておき、それよりも建築予定地の下に昔、川や池がなかったか、を旧版地図で調べることを勧める。

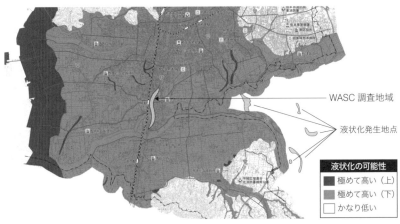

図9.2.7　熊本市液状化ハザードマップと液状化発生地点
（出典：2017年時点の熊本市液状化ハザードマップに発生地点をWASCが書き込み）

ト）傾いた建物の隣に被害なしの建物が並んでいた謎

　南北方向の帯状の被災地であり、被災建物群の端には傾いていない隣家があった。この被災地で図9.2.8に示すA、Bの2邸が大きく被災していたので測量とともに隣家をSWS試験で調査した。しかし、土質、水位ともに似ており、傾きの有無の原因は把握できなかった。ただし、傾いた2邸の前面道路は沈下していた。このことから、たまたま、その宅地を選んだ「運」「不運」としか言いようがなく、これが液状化による被災の実態である。

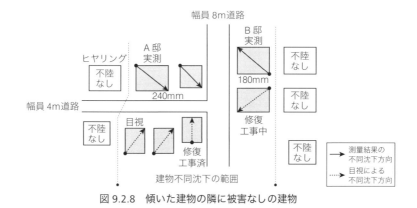

図9.2.8　傾いた建物の隣に被害なしの建物

　18ヶ月間、被災地で動いている内に"地盤が液状化する"ことと"建物が傾く"ことは別であることを知り、住民にとっては自宅周辺が液状化しやすいか否かではなく、「自宅が傾くか」が関心事であることも知った。

　しかしながら建物の傾きを事前に知ることは不可能であり、液状化で住めなくなるほど住宅が傾くか否かは結果でしかわからない。

チ）液状化した地盤は弱くなっていた

　調査建物のうち数棟は築浅のため新築時のSWS試験データがあり、その宅地で被災後にSWS試験を実施させていただけた。その結果、宅地は概ね新築時（地震前）より緩くなっていた。新築時にはGL−3m辺りに確認できた硬い層を頼りに地盤補強工事を施工していたが、その層は消えていた。

　地震発生から8ヶ月後（2016年12月）ごろから新築工事を見かけるよ

うになった。液状化で全壊した住宅が解体されての新築であるが、地盤補強している建物は少なかった。被災後の液状化への大騒ぎはなんだったのかと思い、法律で拘束することの必要性、有効性を痛感した。

3）今まで言われてきたことと熊本地震被災地の実態の乖離

阪神淡路大震災でもその後の鳥取県西部地震でも、液状化による被害が多かったにも関わらず大きな話題にならず、東日本大震災以降、ようやく言われるようになった。しかし、その情報は少なく、その少ない被害情報から液状化被災を理解してきた。しかし、熊本地震で知った実態はかなり乖離しており、戸惑いがあった。その乖離していたことを表9.2.2に示す。

表9.2.2　今まで言われてきたことと、被災地の乖離

被災		熊本地震で知ったこと	今まで言われてきたことの理解
被害	物的被害	傾いた家と傾いていない家が隣接していた	これに触れた発表を聞いたことがない
		液状化ハザードマップの液状化範囲においても液状化していない場所が多かった	行政作成であり、信頼性は高いと思ってきた
		ハザードマップの色の濃淡と建物の被災程度は一致しなかった	
	傾き	相対不同沈下量の最大値は300mm程度	数多くの住宅の不同沈下量、傾斜をまとめた発表は記憶にない
		最大傾斜角は35/1,000までが圧倒的に多かった	
地盤調査		新築時のSWS試験で貫入できなかった層が、地震後には消えていた	ここまで探求された結果を聞いた記憶がない
		SWS試験＋水位測定＋サンプリングでは建物被害を予測できない	調査結果からH_1-H_2図*で判断できると理解していた
地盤補強の効果と修復費用		周面摩擦力に大きく依存した地盤補強工法の建物は不同沈下していた	地盤補強しておけば被害が軽減できると聞いてきた
		支持杭の場合、大きな抜け上がりが生じ、給排水、ガス管が破断、宅盤の嵩上げが必須となり、修復費が高額であった	「支持杭をしておれば大丈夫」と言われてきており、修復に言及した発表は記憶にない
		新築時に地盤補強していない家の修復費が最も安価であった	「何もしなければ、被害が大きくなる」と言われてきたのを記憶している
保　　険		地震保険に加入している被災者は、たいして動じていなかった	今までも言われてきた
修復会社		「修復費200万円」等を掲げた修復会社が無茶苦茶な工事をしていた	東日本大震災被災地でも多く横行していた

＊液状化の影響が地表面に及ぶ程度の判定図（指針p.90）
　ここでH_1：非液状化層の厚さ（m）、H_2：液状化層の厚さ（m）

194　　Ⅲ部　平時・災害時の不同沈下対策

(2) 大規模土木工事レベルの工法は非現実的

今後のさらなる被災防止のため、次の地域では大規模な対策工事が検討され、実施されている。

○千葉県浦安市

東日本大震災による液状化で約 8700 戸の建物が沈下し、傾いた。このため、次の地震からの被災を防ぐため、各街区の宅地を格子状地盤改良の壁で囲む計画が進められた。しかし、その工法の場合、街区内宅地の所有者全員の合意が必要であった。全員の合意が得られず、一部地域 33 戸の実施に留まった[文46]。

○熊本県熊本市

熊本地震で大きく被災した南区の一部地域では地下水位を地表面－3ｍに保つ（地下水を汲み上げる）液状化対策が計画され、試験施工を経て、住民の同意が得られた地域から順次施工された。

この工法は茨城県潮来市の一部地域でも実施されていると聞いている。

これらの工法を実施する場合、一宅地当たり莫大な費用が必要であり、さらに隣地に影響を与える可能性も大きい。このため一個人宅地だけの対策工法としての実施は困難である。

(3) 平時の地盤補強と沈下修復で対応するのが一般的

「熊本で液状化地域を避けると、丘陵、山地となり、阿蘇の噴火、地滑りがある。気にしたら住む場所がなくなる」、これは熊本の友人の言葉。まさしくその通りで「狭い日本、気に掛けたら住処なし」となる。

ここで、液状化ハザードマップで液状化の可能性がある地域での住みかたについて次の通り提言する。

①ハザードマップだけで一喜一憂せず、沖積平野は液状化する可能性があると考え、液状化と共生する覚悟で住む。なぜならば液状化が発生している場所は、起伏が少なく住みやすい地域だから。

②覚悟したなら、その中で少しでも安全な場所を探す。

そのヒントは「昔からの道路が良い地盤と悪い地盤の境目」の言葉。

この言葉から「以前から人が住んでいる側が比較的良い地盤」となる。また「昔が川や池であった場所は避ける」ことを勧める(旧版地図で確認)。今まで見てきた被災地にこれらがほぼ全て合致しており、これを気にするか否かが運の分かれ目である。

③地盤が液状化しても人命を失う可能性はきわめて少ない。

④液状化で建物がどれほど傾くかは結果でしかわからない。このため、「傾いたら直したらよい」と割り切り次を考えておく。

　・生活再建のためには早く直す必要がある

　・直しやすい建物を新築しておく（図9.2.9）

　・直しにくい建物は避ける（図9.2.10）

・基礎を高くしておくと直しやすい（図9.2.11）

⑤新築時の地盤補強は「平時の不同沈下防止」ができる工法で良い。

液状化被災は大きな地震時に発生するが、平時の傾きは日常のことであり、全ての建物で注意すべきである。このことから平時の不同沈下防止の地盤調査、判定が最も大事である。

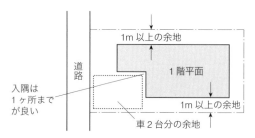

図9.2.9　直しやすい建物と配置

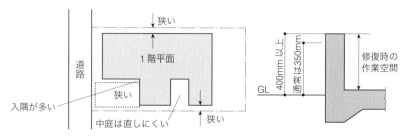

図9.2.10　直しにくい建物と配置　　図9.2.11　高い基礎は直しやすい

様々な情報では「杭」を推奨しているが、深部の硬い層まで打設した杭の場合は大きな抜け上がりが生じ、途中までの杭の場合は地盤補強しない場合と同じ沈下をする（p.190 表 9.2.1、pp.188 - 190 図 9.2.6）。また杭の場合は新築時の費用が高額でありながら、液状化でも修復費用が必要である。新築時費用だけでなく、修復費用を加えた生涯費用で考えることが大事である。

⑥「液状化に効果がある工法」を勧められた場合「どの点に効果があるのか」を問いただし、その工法を採用した場合の被害の有無を問いただすことを勧める。

⑦地震保険を必ず契約しておく。

液状化被災で命を失うことは少なく、それ故、生活再建に注力できる。この場合、保険金があれば躊躇なく建物の修復ができる。

⑧液状化で被災した場合、勧められるままに慌てて修復しない。数社から見積りをとり、じっくり検討した後に契約することを勧める。

9.3　豪雨時の浸水・洗掘対策

前述のように、年間の降水量は 1700 mm 程度で以前とほとんど変わっていない。このことから、1 年間の他の季節の雨が減り、減った分が加わって 5 月から 9 月ごろ多くの雨が豪雨となり、我々の命と財産が侵されていることになる。豪雨による被害を図 9.3.1 に示す。

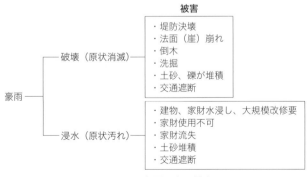

図 9.3.1　豪雨による被害

(1) 外水氾濫と内水氾濫の違い

水が溢れる現象が氾濫であり、外水氾濫と内水氾濫がある。

1) 外水氾濫は人の命を奪う時がある

大雨で河川の水位が上昇し、堤防を越えたり（越水）、決壊することにより水が勢いよく流れ込む現象を言い、水の勢いで近くの住宅などが流され、時には人の命が奪われている。

2018年の西日本豪雨では、倉敷市真備町の末政川の堤防が決壊して多くの住宅が破壊された（写真9.3.1(a)）。また2019年の台風19号により、千曲川左岸長野市長沼地区では堤防が決壊し、堤防下の神社は跡形もなく流され、付近の多くの住宅も大きく被災し（写真9.3.1(b)）、その中には基礎ごと200m流された住宅があった[文11]。

川に面した側（川表）は護岸ブロックで表面が覆われ、人が住んでいる側（川裏）は土だけの堤防が多い。このため堤防を越えた水は川裏の斜面の土を削り、堤防を一気に弱くし決壊する（図9.3.2、写真9.3.2）。

(a) 末政川決壊による被害

(b) 千曲川決壊による被害

写真 9.3.1　決壊による被害

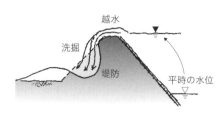
図 9.3.2　越水による洗掘

写真 9.3.2　洗掘された川裏

付近の土地より河床（川の底）の標高が高い天井川があり、写真9.3.1(a)の末政川の一部は天井川であった（河床13.7m、土地12.5m）。このため普通の決壊より大きい勢いで流れ込んだ。

また水路両岸が道の場合、高さが明らかに違う場所が多い。元は両岸とも、人が歩くだけの道であったが、片側が自動車道となったため、凹凸の補修、舗装等を繰り返して高くなったものと思われる。このような水路では上流からの濁流が低い側へ越水し、外水氾濫している（写真9.3.3）。

「水を治めるものは国を治める」の喩えのごとく、行政は大雨による被害が出るたびに、河床を掘削し、堤防を高くし、高くした分だけ堤体幅を拡げることを繰り返している。この大規模土木工事に期待しながら、我々一個人は次を考え、減災に努めることが必要である。

・なるべく川の近くに住まない。
・なるべく天井川の近くに住まない。
・なるべく堤防より低い場所に住まない。
・川のそばに住む場合は、高い宅地、高い基礎とし、早い警戒レベルの段階で避難する。

2）内水氾濫は避けにくい現代病

内水氾濫とは、河川から流れ込む外水氾濫に対して、大量の降雨で排水機能が追い付かず、土地や建物が水に浸かってしまう現象を言い、氾濫型の内水氾濫と湛水型氾濫がある。

　○氾濫型：土地の排水能力を超える雨量でおきる氾濫。

　　　　　　側溝、下水道は時間雨量50mmで設けられており、それを超

写真9.3.3　明らかに右岸より左岸が低く、被害が大きい

9章　自然災害時の不同沈下対策　｜　199

える雨量は排水が追い付かず、地上に溢れて氾濫している。マンホールから水が吹き上がっている光景はその証。

○ 湛水型：河川の水位が高くなり、その水が水路に逆流しておきる氾濫。河川からの逆流を防ぐため樋門（写真9.3.4）が設けられている。逆流は防げるが内水氾濫は一気に増す。

写真 9.3.4　千曲川の浅川樋門

現在の都市、大都市も、日本列島改造が言われた1970年頃までは、その周辺に田、畑や山が多かった。その頃も豪雨による洪水が暴れたが、雨水の多くは田、畑、空き地に溜まり、地中に浸透していた。

その後、田や畑、空き地、近くの山が整備され、土地の表面が建物やコンクリート、アスファルトで覆われ、きれいで衛生的な都市へと変わった。田舎でも次第に田が減り、道路も舗装された。これらによって雨水の地中への浸透が少なくなり、多くの雨水が土地の表面を流れ、一定の排水施設（水路等）に集められるようになった。

しかし、昨今は豪雨が常態化し、その雨量が排水施設の能力を超えるため、一時期、土地に溜まるようになり、これが内水氾濫となっている。

生活の利便性、快適性を求めて実施してきたことが、昨今の豪雨頻発により浮上してきたのが内水氾濫であり、これは現代病と言える。

幸い、内水氾濫の水は勢いがなく、じわじわと水位が上昇するため、逃げる時間があり、逃げ遅れても命を奪われることは少ない。

イ）備えて少しでも安心を！

今から急に排水能力が大きい側溝や下水道に改善できるものではない。

そのため、我々ができる範囲での備えを提言する。それはハザードマッ

プでその宅地が浸水域にあるか否かを確認することから始める。

○河川の堤防より標高が高い宅地に住むと少し安心（図9.3.3(a)）

○低地に宅地がある場合（ハザードマップの浸水域）

・近くの河川の堤防の高さを確認

　昔の大名は「城、城下町側の堤防を高く、反対側を低くして、城側への浸水を防いだ」と言われている（図9.3.3(b)）。

　このことから川の近くに住む場合は、堤防の高さを確認することを勧める。堤防の高さ、宅地の高さは国土地理院地図 GIS Map で簡単に知ることができる。参考文献及び片側の堤防が低い場所名は生々しすぎるため割愛する。

・宅地を高くする、基礎を高くする

　低地であっても宅地が高い住宅、低い住宅があり、低い住宅の被害が大きい。多くの被災された方と話す中で「宅地の標高が10 cm 高いと、被害が100万円安い」と筆者は感じた。このことから、宅地を少しでも高くする、宅地を高くできない場合は基礎を高くすることを勧める（図9.3.3(c)）。

・道路より低い宅地は最悪

　道路は行政によってメンテナンスされ、その都度高くなり、路面が宅地より高くなっているのを多く見かける。この宅地は平時でも道路から雨水が流れこみ湿気が多く、氾濫時は直撃される。

　建替えの場合は盛土をして路面より高くし、現状のままなら、曳家会社に依頼して建物全体を持ち揚げ、盛土するか、基礎を高くすることを勧める（図9.3.3(d)）。

・床上浸水を想定して、排水しやすい基礎にしておく

　床上浸水した場合、床下に水が溜まり、排水できず、バキューム車で吸い出すしかない。これができない時には基礎に穴を開けている(写真9.3.5)。これらを救うのが浸水を想定したドレインを基礎に取りつけておくこと(例えば商品名/床下勝手にドレイン)。この商品でなくても穴を開け、竣工時は表側をモルタルで塞いでおくだけで十分役に立つ（図9.3.3(e)）。

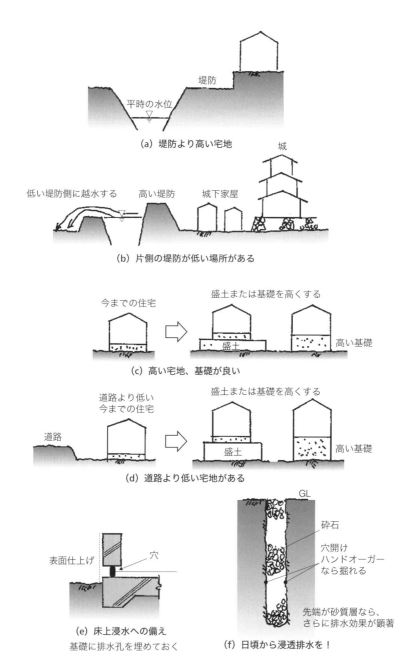

図 9.3.3 災害への備え

写真 9.3.5　浸水で床下に溜まった水を排水するため開けた穴

- 庭に浸透排水を設けておく

　筆者も簡単なものを自宅の庭に 2 ヶ所手造りしている (図 9.3.3(f))。平時の雨でも早く水が引き、気持ち良い。浸水時も役立つ。

- 建物は 2 階建てが良く、大切な物、高額な家財は 1 階に置かない

　「1 階は浸水する可能性がある」と考えれば自ずから 2 階に置く物、家財が決まるはず。ブレーカーも 2 階の方が良い。

3) 被災地で見える先人の住みかた

　西日本豪雨で被災した岡山県倉敷市真備町、広島県安芸郡坂町を数回訪ねた。3 回目ぐらいから被災しなかった住宅が目に留まるようになり、昔からの人々の住みかたに驚いた。それを次に述べる。

イ) 真備町で見た減災の住みかた

　高梁川、小田川の合流点に挟まれた真備町は、昔からたびたび洪水で被災しており、源福寺境内には明治 26 年大洪水で亡くなられた方々の高さ 4m の供養塔が建てられており、供養塔の高さまで浸水している。この地域が西日本豪雨で 5m 浸水したが、昔からの地元の人々は山裾に住むか、平野部なら石垣で高くした宅地に住み、難を逃れてきた (写真 9.3.6、図 9.3.4)。

ロ) 坂町で見た減災の住みかた

　広島県は土砂災害が多い。ここ坂町でも総頭川上流から大量の土砂が流れ、川添いの多くの建物が被害を受けたが、斜面に建っている住宅は布団を干している (写真 9.3.7)。以前からここに住んでいる人々は、川に近寄らず、斜面に住んできたため、被災しなかったようだ。

　"坂町" の地名の由来はこの斜面にあるのかと思った。

写真 9.3.6 山裾に石垣を積んだ宅地は浸水から免れた

図 9.3.4 石垣を積んで高くした宅地
近年の住宅に石垣はない

写真 9.3.7 斜面の住宅

(2) 浸水・洗掘に耐えた地盤補強工法

1) 地盤補強の考えかた

住宅の地盤補強は次のA、Bのいずれかで設計、施工されている。

A：地盤補強体だけで建物を支えている

鋼管杭、柱状改良などは、基礎下2mの地盤の支持力度を当てにせず、補強体の支持力だけで支えている。この考えかたを図9.3.5(a) 及び次式で示す。

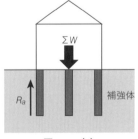

図 9.3.5 (a)

$$\text{建物支持の条件} = \frac{\Sigma W}{R_a \times n} < 1 \quad \text{OK}$$

……①式

ここで ΣW：接地圧 kN/m^2 × 接地面積 m^2

R_a：補強体の支持力 （$kN/$本）

n：補強体の本数 （本）

Ｂ：地盤補強体と地盤の両方で建物を支えている

これに対してパイルド・ラフトは、補強体の支持力と地盤の支持力度で支持する考えかたである。これにより補強体を減らすことができるため、近年、増えてきている。この考えかたを図9.3.5(b)及び次式で示す。

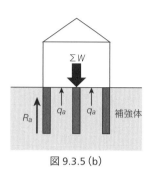

図 9.3.5(b)

$$建物支持の条件 = \frac{\Sigma W}{R_a \times n' + q_a \times A'} < 1 \quad OK$$

……②式

ここで　ΣW：接地圧 kN/m² × 接地面積 m²
　　　　R_a：補強体の支持力（kN/本）
　　　　n'：①より少ない補強体の本数
　　　　q_a：地盤の支持力度（kN/m²）
　　　　A'：補強体を除く地盤の面積（m²）

2）浸水、洗掘に耐えた地盤補強工法

静かに浸水する場合、洗掘はなく、地盤補強体の性能は変わらない。しかし激しい水の流れで浸水する場合、その勢いによって基礎下の地盤が洗掘され、洗掘の程度が大きければ地盤補強体の性能が低下する。

イ）鋼管杭（前記Aの考えかたで設計）

幾度も述べてきた通り、現在は回転貫入鋼管杭であり、杭の支持力は先端支持力だけで設計しているのがほとんどである。このことから、浸水はもちろん、洗掘されても支持力が低下することはない。そのことは p.180 図9.1.14、p.181 図9.1.15 の通りである。

ロ）柱状改良（前記Aの考えかたで設計）

柱状改良体の支持力は先端支持力と周面摩擦力を合算したものである。

洗掘によって補強体が露出するのは端の宅地に多く、露出によって周面摩擦力は小さくなる（写真9.3.8(a)）が、写真9.3.8(b)の現場においても建物の顕著な傾きはなかった。極限支持力(改良体が顕著にめり込む時の荷重)の1/3を許容支持力としていることが功を奏しているものと理解している。

ゆえにある程度洗掘されても持ちこたえている。

(a) 頭部が洗掘されている　　　　(b) 多くが露出している

写真 9.3.8　柱状改良体の状態

ハ）表層改良（前記 A の考えかたで設計）

西日本豪雨による堤防決壊で 1 階の天井まで浸水した住宅（築 40 年程度）で、洗掘された表層改良を初めて見た（写真 9.3.9）。

改良厚さはおよそ 1.0 m で硬かった。濁流によって付近のほとんどの住宅が流されていたが、建物全体を分厚い改良版がしっかり支えていたため、耐えることができたものと思った。

「表層改良は品質のばらつきが大きい」と長年思ってきたが、40 年昔、このようなきっちりした仕事をしていた人がいたことに感動した。

ニ）パイルド・ラフト（前記 B の考えかたで設計）

洗掘されてもその頭部が露出するだけで、補強体が流されることはない。
しかし、基礎直下の地盤が洗掘され、地盤の支持力度 q_a がなくなる。

これによって支持力度不足となり、建物は沈下し、傾く。このことを図 9.3.6 に示し、計算で確認建物支持を確認する。

写真 9.3.9　洗掘された表層改良

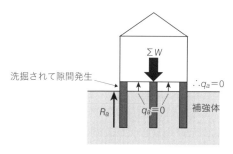

図 9.3.6　洗掘により地盤支持力度がなくなる

②式から　建物支持の条件 $= \dfrac{\Sigma W}{R_a \times n' + q_a \times A'} < 1$

ここで　洗掘されて地盤がなくなったため　$q_a = 0$

$$= \dfrac{\Sigma W}{R_a \times n'} > 1 \quad \text{NG}$$

増水による洗掘だけでなく、新規の盛土宅地、擁壁背面宅地等でも同様の事故が発生している。何があっても基礎下の地盤が沈下、消滅することがない宅地を選んで採用することを勧める。

コラム 「宅地の災害耐力カルテ」でチェックしてみよう

　長年、被災地を見て、被災建物の近くに被災が小さい建物があることに気がつき、その原因を探ってきた。

　被災した場合、宅地は個人財産であるため、所有者による撤去、復旧が求められる。いくらかの公的支援はあるが、数百万円を個人が負担するのは容易ではない。近年、大規模な災害が発生し、国による財政出動が続いているが、国庫も逼迫しているはずで、今後の公的支援に以前と同じ内容、規模は期待はできない。

　このようなことから「行政だけに頼るのではなく、自然災害に対する宅地の耐力診断をオーナーが実施し、『改修要』の結果であれば、できる範囲でオーナーが対策すべきである」と考えるに至り、"宅地の災害耐力カルテ（診断書）"を作成した。

　元々は筆者の経験と知識に基づいたカルテであったが、その内容では世間に公表できないと考え、有識者による委員会で審査、助言をいただいて完成させた。

　このカルテで診断するのは次の5つの災害についてであり、宅地の立地及び宅地に付属する物の構造についての災害耐力の大〜小である。

　　・土砂災害に対する災害耐力
　　・豪雨による浸水に対する災害耐力　　　立地
　　・液状化被害と住宅の傾きに対する災害耐力
　　・擁壁・石垣の倒壊に対する災害耐力　　構造
　　・道路に面したブロック塀の倒壊に対する災害耐力

診断前に解説書を十分読み込んだ後、目視や計測し、記録して採点する。

　次ページに診断例を添付するので、概要を理解していただきたい。その結果、実際の宅地をしっかり診断したいと思われたなら、筆者までご連絡いただきたい。

練石積み擁壁の災害耐力の診断

診断区分		診断項目	診断		災害耐力点※	
			診断方法	診断基準		
①基本条件点	高さ	擁壁の地上高さ H	計測	$1 < H \leqq 3\,m$	2	合格点①
				$3 < H \leqq 4\,m$	1	
				$4\,m < H$	0.5	
	用途	隣地の用途	目視	道路あるいは宅地ではない	1	
	頂部荷重	擁壁頂部	目視	大木が植わっておらず、巨石も置かれていない	1	
				大木が植わっているか、巨石が置かれている	0.5	
	排水	水抜き孔	計測	内径 75 mm 以上の水抜きが 3 m² に 1 ヶ所以上ある	2	
				水抜き孔があるが上記に満たない	1	
			目視	水抜き孔がない	0	
				水抜き孔が沼や雑草で詰まっている	0.5	
			作業	水抜き孔の奥に裏グリ石（透水層）がない	0.5	
		擁壁法尻の排水	目視	法尻に排水側溝がなく、水が溢れ出している	1	
				法尻に排水側溝がある	2	
				排水側溝に水が溜まっていない	2	
				排水側溝の途中が外れている	1	
	底版の根入れ	底版の深さ	計測	寝入れ深さが 0.35 m 以上である	2	
				寝入れ深さが 0.1 m 程度である	0.5	
				露出している	0	
				底版がない	0	
②変状状況点	ひび割れ	縦ひび割れ	目視	ひび割れなし	2	合格点②
				間知ブロック、石の目地にそってひび割れがある	1	
				間知ブロック、石自体にひび割れがある	0.5	
		横ひび割れ	目視	ひび割れなし	2	
				間知ブロック、石の目地にそってひび割れがある	1	
				間知ブロック、石自体にひび割れがある	0.5	
		出隅ひび割れ	―	該当なし	―	
		網目状のひび割れ	―	該当なし	―	
	表面	豆、ジャンカ	―	該当なし	―	
		フリージング・ゴールドジョイント	―	該当なし	―	
	変状	外側への移動、倒れ	計測	エラスタイト部の左右及び天端にずれがない	1	
				エラスタイト部の天端が 20 mm 以上ずれている	0.5	
		不同沈下	計測	天端の傾斜角が 3/1,000 未満	2	
				天端の傾斜角が 3/1,000 以上 6/1,000 未満	1.5	
				天端の傾斜角が 6/1,000 以上であり、への字の不陸	1	
				天端の傾斜角が 6/1,000 以上であり、Ｖの字の不陸	0.5	
		目地の開き	計測	開いていない（施工直後の開きに近い）	2	
				5〜20 mm 未満開いている	1	
				20 mm 以上開いている	0.5	
		傾斜（勾配）	計測	標準勾配に近い傾斜である	2	
				標準勾配を越え、宅地側に傾斜している	1	
				標準勾配より小さい傾斜である	0.5	
		縦方向の膨らみ	目視	膨らみはない（直線）	2	
				法尻から頂部にかけて前へ膨らんでいる	1	
				膨らんでいる箇所に、横方向のひび割れがある	0.5	
				膨らんでいる範囲で間知ブロック、石が割れている	0	
		鉄筋腐食	―	該当なし	―	
				総合計①＋②		

※現場の状況が診断基準に該当するか否かを診断する。合致したら、災害耐力点を獲得できる。
災害耐力点「0」に合致したなら、他の点数に関わらず「危険度が高い」と判定する。

練石積み擁壁の災害耐力の診断結果と危険度判定区分

①基本条件点＋②変状状況点	危険度判定区分	判定内容
8.0 点未満 or 0 点が 1 つでもある場合	高	・早急な撤去・改修が必要
8.0 点以上　20.0 点未満	中	・改修・撤去を検討
20.0 点以上	低	・現状維持

9 章　自然災害時の不同沈下対策　209

◈各種調査・工法のコスト・メリット比較表

　今まで述べてきた地盤調査方法、地盤補強工法の特徴と費用を表1、2にまとめる。

　住宅は土質の区分や1ヶ所だけの土質判断、支持力度で不同沈下の有無を判断するのではなく、建物配置位置での地盤性状が深部まで"水平、同

表1　地盤調査方法の特徴と費用

調査名	特徴		費用
スクリューウエイト貫入試験（SWS試験）	長所	：狭い場所でも試験できる ：試験時間が短い（≒半日/棟） ：静かで騒音がない	3〜8万円/棟ただし、5ヶ所/棟
	短所	：小さな障害物でも以深に貫入不可 ：正確な土質判断ができない	
標準貫入試験	長所	：硬い地盤でも試験できる ：土質を正確に判断できる	25〜30万円/10m
	短所	：横幅、上空が狭い場所では試験不可 ：試験費用が高額 ：時々、金属の打撃音が生じる ：住宅の不同沈下判断には不適	
平板載荷試験（ただし、重機反力）	長所	：載荷面下方0.9mまでの地盤の支持力度を直接把握できる ：騒音が生じない	15〜20万円/ヶ所
	短所	：深部の地盤が把握できない ：土質の判断は不可 ：住宅の不同沈下判断には不適	
ラムサウンディング試験	長所	：少し硬い地盤でも以深に貫入できる ：N値に換算できる	10〜15万円/ヶ所
	短所	：金属音が発生する ：土質の判断は不可 ：住宅の不同沈下判断には不適	

210

厚、同質"であるか否かを判断するのが正しい。そのためには宅地内で数ヶ所試験し、地盤を断面で評価する。

このことを考えると、SWS試験が最も適しており、他はSWS試験結果で得られない地盤性状を得る必要が生じた場合に採用する試験と考えることが大事である。

表2　地盤補強工法の特徴と費用

工法名	特徴		適用		費用
			土砂災害	液状化	
小口径鋼管杭	長所：不同沈下しない 　　　（深部の硬質地盤に支持） 　　：擁壁、石垣が崩れても建物を支持 　　　できる 短所：費用が高額 　　：施工機械が乗り込めない宅地がある		A	A	200万円/棟以上
柱状改良	長所：平時は不同沈下を防げる 　　：鋼管杭よりは安価 短所：固化しない地盤がある 　　：石垣、擁壁が近い場合、押し出すことがある 　　：施工者により品質が異なる 　　：施工機械が乗り込めない宅地がある		B	B	150万円/棟以上
表層改良	長所：施工機械が乗り込める 　　：他の工法に比べて安価 短所：改良版の下に盛土や自沈層があれば不同沈下する可能性がある 　　：施工者により品質が異なる		C	B	80万円/棟以上
木杭	長所：平時は不同沈下を防げる 　　：圧入工法なら無騒音 短所：打撃工法なら騒音が生じる 　　：施工機械が乗り込めない宅地がある		C	C	100〜150万円/棟以上

ただし、表中の表現は次とした。
　①記号はA：効果がある　B：少し効果がある　C：あまり効果がない
　②同一地盤性状の宅地に、同じ構造・規模の住宅を建築する時の費用でなく、工法ごとの大雑把な最小費用/棟

各種調査・工法のコスト・メリット比較表 | 211

おわりに

　多くの方々から怒られ、教えていただけたお陰で、生涯現役の道を歩きつつあり、感謝しかない。その感謝の気持ちを表す手段として本書の執筆に臨んだ。

　書き始めると生まれてから高校生までの田舎での生活を思い出し、またページごとに今までお世話になった方々の顔が浮かんできた。

　これらの方々から言われたこと、教えられたことを仕事の中で確かめ、ある時は文献で類似の表現を発見し、「なるほど」と思ったものが、今も毎日の生活や仕事で活きており、それを元に書いた。役立つことなら伝承したい、との思いで。

　また35年勤めた住宅会社では、入社2年目以降、基礎・地盤、自然災害対応の仕事を、泥んこになりながら自由にさせていただけた。その経験と記憶が今の糧であり、言い尽くせないほど感謝している。

　読んでいただけた方々の中で「これは！」と思い、納得していただけるものがあり、それを受け止めていただければ嬉しい。

　そしてこの1冊が、住宅の平時の不同沈下防止に留まらず、常態化した自然災害時代を乗り切るために、役立ってほしいと願う。

　筆者は"温故知新流の現場一筋"であるため、計算式、計算結果に間違いがあるかもしれない。気づかれた方はご指導をお願いしたい。

　それにしても、最初、書き上げた原稿はひどかった。それを見捨てず、親切、丁寧に導いていただいた学芸出版社のスタッフの皆様と西博康様をはじめ日本建築協会の皆様にお礼を申し上げます。ありがとうございました。

著者

参考・引用文献

1 平成 13 年 7 月 2 日国土交通省告示第 1113 号
2 日本建築学会：小規模建築物基礎設計指針、2008 年初版
3 住宅の品質確保の促進等に関する法律（略称：品確法）、2000 年 4 月 1 日施行
4 赤井浩一：土質力学、朝倉土木工学講座 5、1968 年初版
5 安川郁夫、今西清志、立石義孝：絵解き 土質力学（改訂 2 版）、オーム社、2000 年
6 日本建築学会：山留め設計指針、2020 年 8 月
7 若松加寿江：東北地方太平洋沖地震による液状化の特徴、消防科学と情報 No.110、2012 年 10 月
8 日経クロステック：液状化 震災後の補修費用を考えた地盤補強を、2017 年 2 月 22 日
9 国土交通省：建築物着工統計、2022 年
10 WASC 基礎地盤研究所：2016 年熊本地震活動の記録、2017 年 5 月
11 日経ホームビルダー：高気密住宅が浮く、2020 年 10 月 22 日
12 気象庁：日本の年間降水量偏差の経年変化（1898 ～ 2022 年）
13 浅井建爾監修：「地名のいわれ」が一気にわかる本、成美文庫、2001 年
14 浅井建爾：読む・知る・愉しむ 日本の地名がわかる事典、日本実業出版、1998 年
15 丹羽基二：地名でわかるおもしろ起源（ルーツ）、青春出版社、1996 年
16 小川 豊：宅地災害と地名、山海堂、1992 年
17 土井中照：松山、地名・町名の秘密、アトラス出版
18 吉田茂樹：図解雑学 日本の地名、ナツメ社、2005 年
19 池田善朗：福岡都市圏の古い地名──ヤマトコトバから由来を探る、 朝日新聞西部事業開発室・編集出版センター、2000 年
20 水谷盛光：名古屋の地名（自費出版）、1975 年
21 浜田逸平：日本地名散歩、朝日文庫、1997 年
22 名古屋市教育委員会指導室：ここに歴史が、1991 年
23 上村重次：玉名の地名（自費出版）、1991 年
24 守屋喜久夫：古地図が教える地震危険地帯、日刊工業新聞社、1995 年
25 木下誠也他：木曽三川の治水の歴史を訪ねて、建設省木曽川上流工事事務所、1985 年
26 宇佐美龍夫：新編・日本被害地震総覧、東京大学出版会、1996 年
27 肥後川尻町史、1897 年
28 地盤工学会：地盤調査 基本と手引き、2005 年初版
29 地盤工学会：地盤材料試験の方法と解説（第 1 回改訂版）、2021 年訂正
30 松岡元：土質力学、森北出版、2003 年 3 月
31 西岡常一、宮上茂隆：法隆寺 世界最古の木造建築、草思社、1983 年 8 月
32 西岡常一、小原二郎：法隆寺を支えた木、日本放送協会、1984 年 12 月

33	西岡常一：木に学べ、図書印刷、1988 年 7 月
34	松浦昭次：宮大工千年の「手と技」、祥伝社、2001 年 8 月
35	国土交通省：国土利用を取り巻く情勢の変化　-資料5-
36	竹中準之助：粘土のサンプリングとその信頼度、日本材料試験学会、1962 年
37	ものづくり大学紀要：伝統技法を用いた版築壁の強度性状に及ぼす調合及び施工要因に関する研究　第 3 号、2012 年、pp.42-49
38	東京大学　佐藤助教他：築地回廊の版築に関する構造実験についての報告――版築土の配合に関する検討経過、2013 年
39	WASC 基礎地盤研究所：「鶴丸城御楼門建設での埋め戻し：遺構土を版築工法で締め固めるための文献調査・現地視察からの配合、施工計画への素案」　2018 年
40	鶴丸城御楼門建設協議会：鹿児島県指定史跡鶴丸城跡 御楼門復元整備工事報告書、2021 年 3 月
41	加納侑岳、上原匠、湯川圭悟、梶原教裕：廃石膏ボード粉を混和したモルタルの強度発現及び乾燥収縮特性、Cement Science and Concrete Technology, 2015, Vol. 69 pp.695-702
42	宅地造成等規制法施行令 第 6 条
43	㈳日本建築士会連合会：構造図集 擁壁　改訂版、2001 年
44	地盤の震害：古藤田喜久雄、若松加寿江：建築技術 1974 年 6 月号、　pp.255-270
45	熊本日日新聞：熊本市液状化 近見、川尻に集中、2016 年 12 月 14 日 1 面
46	日経クロステック：浦安で対策実施は 33 戸どまり 合意と工費の壁を乗り越えるには？、2021 年 3 月 11 日

◆ 著者略歴

髙森 洋（たかもり ひろし）

1947 年 岡山県生まれ。大阪工業大学土木工学科卒業。

1970 年 積水ハウス入社、住宅の基礎地盤の研究開発と普及、自然災害地において復旧のための諸業務に従事。住宅基礎工法・部材の開発、不同沈下防止システムの開発、不同沈下建物の矯正工法の確立等で日本における先駆的な実績を挙げた。一方、各地の地震・浸水・土砂崩れ等の災害現場で調査・復旧設計等に貢献してきた。

2005 年 積水ハウスを早期退職し、株式会社 WASC 基礎地盤研究所設立、代表取締役に就任。2024 年 6 月、事業承継のため代表取締役を辞し、取締役（会長）に就任。2006 年以降大阪と東京で「基礎塾」を毎年開講し、延べ塾生は 1100 名以上。著書:『地盤と基礎 100 の疑問』（PHP、2009）、『すぐできる 地震に強い家にする 80 の方法』（講談社、2011）。『日経ホームビルダー』『日経アーキテクチャー』や建築業界団体誌での寄稿・記名コメント多数。2020 年放送の『ホンマでっか!?TV』（フジテレビ系列）に「傾き住宅評論家」として出演。

住宅が傾かない地盤・基礎のつくりかた
設計者なら知っておきたい 診断・補強技術

2024 年 9 月 5 日　第 1 版第 1 刷発行

著 者	髙森 洋
企 画	日本建築協会

発行者	井口夏実
発行所	株式会社 **学芸出版社**
	京都市下京区木津屋橋通西洞院東入
	〒 600-8216　TEL 075-343-0811
	http://www.gakugei-pub.jp/
	E-mail info@gakugei-pub.jp
編集担当	岩﨑健一郎・越智和子
Ｄ Ｔ Ｐ	真下享子

装 丁	テンテツキ　金子英夫
印 刷	イチダ写真製版
製 本	新生製本

JCOPY 〈㈳出版者著作権管理機構委託出版物〉
　本書の無断複写（電子化を含む）は著作権法上での例外を除き禁じられています。複写される場合は、そのつど事前に、㈳出版者著作権管理機構（電話 03-5244-5088、FAX 03-5244-5089、e-mail: info@jcopy.or.jp）の許諾を得てください。
　また本書を代行業者等の第三者に依頼してスキャンやデジタル化することは、たとえ個人や家庭内での利用でも著作権法違反です。

© 髙森洋　2024
ISBN978-4-7615-2903-1　　　　　Printed in Japan

好評既刊

図解 住まいの寸法 暮らしから考える設計のポイント
堀野和人・黒田吏香 著／日本建築協会 企画　A5判・200頁・本体2600円＋税

住宅の設計には、そこに住む人の暮らしをふまえた寸法への理解が欠かせない。本書では、玄関、階段、トイレ、洗面室など、住まいの13の空間の持つ機能と要素を整理し、そこで行われる生活行為に支障のない、理に適った寸法をわかりやすい2色刷イラストで紹介。寸法という数字の持つ意味を知ることで設計実務に活かせる一冊。

図解 間取りの処方箋 暮らしから考える住宅設計・改修のポイント
堀野和人・小山幸子 著／日本建築協会 企画　A5判・184頁・本体2600円＋税

玄関・トイレ・LDK・寝室・納戸など、住まいの8つの空間について、実際に人が暮らしていく上で不都合が生じる「お困り間取り」とその改善ポイントを、ユーザーの会話＋「設計課長の診察室」という構成で、2色刷イラストを用いて丁寧に解説。各章末には巷に溢れる「チラシの間取り10ポイントチェック」も掲載。

直感で理解する！建築デザイナーのための構造技術の基本
山浦晋弘 著／日本建築協会 企画　A5判・216頁・本体2500円＋税

難しい数式は必要最小限！「いい建築デザイン」はどんな構造技術に支えられているのかを文章と手描きイラストで解説する「直感」シリーズ第三弾。建築デザインの選択肢を増やし、幅を広げるための考え方や、細部にこだわる時の注意点など、建築デザイナーとの打合せの際に構造設計者が考えていることをわかりやすく紹介。

直感で理解する！構造力学の基本
山浦晋弘 著／日本建築協会 企画　A5判・216頁・本体2400円＋税

楽しい手描きイラストとわかりやすい文章が好評の「直感」シリーズ第2弾。著者の建築実務家・教員としての豊富な経験をもとに、建築を学び実務に当たる上で知っておくべき構造力学の基本をやさしく解説。「構造力学」の先にある「構造設計」の魅力が見えてくる一冊。一級建築士試験にも役立つ「力学問題アラカルト」付き。

イラストでわかる　建築現場のチェックポイント
柿﨑正義・玉水新吾 著／日本建築協会 企画　A5判・236頁・本体2800円＋税

建物の欠陥責任について民法上の「不法行為責任」（除斥期間20年）が問われる時代に入り、設計者・施工者にとって、施主とのトラブルによるリスクが高まっている。本書は、地盤構造・構造躯体・外装仕上げ・雨漏りについて、現場での工程内検査及びメンテナンス時に瑕疵の芽を摘むためにチェックすべきポイントを解説する。

図解 住まいの設備設計 暮らしやすさから考える家づくりのポイント
堀野和人・加藤圭介 著／日本建築協会 企画　A5判・172頁・本体2600円＋税

安全で快適な住宅をつくるには、暮らしやすさをふまえた設備計画が欠かせない。住宅を設計する上で知っておきたい住宅設備の基本知識とともに、玄関・洗面室・寝室など、住まいの10の空間別に、生活行為に適した設備設計の考え方をわかりやすく2色刷イラストで紹介。『図解住まいの寸法』著者による、設計実務に役立つ一冊。

設計者のための　建築コストプランニング術
北野正美 著／日本建築協会 企画　A5判・184頁・本体2500円＋税

設計者が建築工事段階でのトラブルを防ぎ、施主の信頼を勝ち取るためには、建築コストに関する知識が欠かせない。狙い通りの見積をとるための図面の書き方、施主の予算・要望に応えつつ良質な建築を実現するツボ、設計段階別・工事種別の見積書チェックの極意について、ベテラン見積部長がやさしく指南。